汉语并列连词历史演变研究

HANYU BINGLIE LIANCI LISHI YANBIAN YANJIU

刘爱菊◎著

语文出版社

·北京·

图书在版编目（CIP）数据

汉语并列连词历史演变研究 / 刘爱菊著. -- 北京 :
语文出版社, 2021.11
ISBN 978-7-5187-1439-1

Ⅰ. ①汉… Ⅱ. ①刘… Ⅲ. ①汉语－连词－语义学－
研究 Ⅳ. ①H146.2

中国版本图书馆CIP数据核字(2021)第238538号

责任编辑 谭文雯
装帧设计 于 轲
出　　版 语文出版社
地　　址 北京市东城区朝阳门内南小街51号　100010
电子信箱 ywcbsywp@163.com
排　　版 北京大有艺彩图文设计有限公司
印刷装订 北京市科星印刷有限责任公司
发　　行 语文出版社　新华书店经销
规　　格 890mm × 1240mm
开　　本 A5
印　　张 6.75
字　　数 158千字
版　　次 2021年11月第1版
印　　次 2021年11月第1次印刷
定　　价 50.00元

010-65253954（咨询） 010-65251033（购书） 010-65250075（印装质量）

目　录

第一章　绪论

《汉语并列连词历史演变研究》一书主要研究汉语并列连词的历史发展及演变，本章主要讨论前人的研究成果、本书的研究概况以及研究范围的界定等内容。

第一节　连词与汉语并列连词

连词，如现代汉语中的“和”“与”“而且”“虽然……但是……”，英语中的 and（和）、but（但是）等，是人类语言中普遍存在的一类词。它们是语言成分之间逻辑语义关系的显性标记，是使被连接的语言成分在句法结构的紧密性、逻辑语义的明确性、语用表达的丰富性等方面得以体现的一种显性语法标记。

连词研究是语言研究的重要组成部分。对连词进行深入的研究，既有利于人们加深对语言本身的认识，也有利于提高人们运用语言的能力。但连词研究并不容易，因为牵涉到句法结构、逻辑语义、语用功能等多方面的内容。也正因如此，迄今为止，汉语连词的研究相对于动词、介词、副词等其他类词的研究显得比较薄弱；而对汉语连词历史发展演变的研究，又因牵涉到历史文献的调查考证等工作，难度更大，所以尤为薄弱。目前对汉语连词的历史演变，甚至某类连词的历史演变所进行的较为系统的研究，都还很不够，这在一定程度上影响了汉语研究整体水平的提高。

并列连词是连词中最基本的一类，也是人类语言中普遍存在的一类词。本书选取汉语并列连词作为研究对象，首先是基于它的历史性：并列连词是汉语中出现最早而又变化丰富的一类词，对它进行研究有可能发现汉语历史演变的早期信息，观察到更多的汉语词汇历史变化现象；其次是基于它的常用性与典型性：并列连词是汉语连词中常用的一类，在句法结构、逻辑语义和语用功能等关系的表达中是一种显性的标记，容易识别，具有典型性；再次是基于它的可操作性：由于一时很难对所有的汉语连词的历史演变进行系统考察，因而选择这种比较基础且具有代表性的词类作为研究的起点和突破口，或可摸索出一些汉语连词历史演变研究的路径，为今后开展其他类连词的研究打下基础，积累经验。

并列连词是汉语历史文献中出现频率较高的词，通常在一部历史文献中，一个并列连词的使用次数就有几百次，有的多达千次。同时，并列连词又是用法较多的词类，每个词在某部文献中的用法几乎都有四五种甚至更多。要在每部历史文献中，把每个并列连词从它们众多的用法中查找、分辨、分拣出来，工作之烦琐，任务量之大是可想而知的。此外，对并列连词本身各种用法的来源及历史演变的梳理也不是一件容易的事，往往需要排查大量的例句，才能找到处于变化过程中间阶段的例子，有时甚至需要反复查找分析，才能发现新旧用法之间存在联系的线索。

虽然汉语并列连词的研究工作任务繁重，但它是一种基于汉语语言事实的调查，是基础性工作，做好这项工作，对于开展其他更深入的研究具有重要的意义。其意义主要表现为以下几方面：(1)有助于澄清人们以往对并列连词的认识中所存在的模糊之处；(2)研究中所总结出来的变化特点和规律可以验证和丰富现有的汉语历史演变理论;(3)为解决现代汉语共时平面中连词问题的纠葛提供历时的依据。

本书所研究的汉语并列连词是指初始功能为连接两个体词性短语 NP(noun phrase),表明被连接的语言成分在逻辑语义上具有并列关系的连词。

①水仙和腊梅都开了。(朱德熙《语法讲义》)

②淮、夷二水,出蠙珠及美鱼。(《史记·夏本纪》裴骃《集解》)

③庶长壮与大臣、诸侯、公子为逆,皆诛。(《史记·秦本纪》)

上述三个例句中的“和”“及”“与”都属于这类并列连词。

近年来,随着汉语语法化研究的不断深入,并列连词作为语法化链中的一个环节,受到越来越多的关注,但对汉语历史上不同时期的并列连词的共时系统进行梳理与描写,进而探寻其历时兴替演变的研究还不够。如何在前人研究的基础上,从共时系统及历时语法化的角度,考察汉语并列连词的历史演变,显得尤为重要。

前人对汉语并列连词所进行的研究可从不同的角度进行分类,如从方法上可分为考据式的研究和调查描写式的研究,从时间上可分为共时的断代性研究和历时的通史性研究,从内容上可分为专书研究和专题研究等。下面从共时和历时两个角度,对前人的研究进行简要的综述。

第二节　共时研究

根据文献内容与成果形式的不同，汉语并列连词的共时研究大致分为四个方面：(1)文字、训诂、辞书等著作中个别并列连词的考证；(2)虚词、语法专著中并列连词的分类阐释；(3)专书研究中并列连词的时代调查与描写；(4)学术论文中并列连词的专题探讨。

一、个别考证

文字、训诂、辞书等著作中对个别并列连词的考证，可追溯到汉代许慎的《说文解字》、扬雄的《方言》等，其中保留了某些汉语并列连词的早期资料。如：《说文·㐺部》"臮，众词，与也"，记录了并列连词"臮"的近义词"与"；《方言》卷三"罘、遝，及也。东齐曰'罘'，关之东西曰'遝'，或曰'及'"[1]，提供了并列连词"罘"的方言变体"遝""及"的材料。

其后的历史文献的"注"中也保留了关于某个并列连词的训诂材料。如南朝宋裴骃的《史记集解》、唐代司马贞的《史记索隐》等。《史记·夏本纪》"淮夷蠙珠臮鱼"这句中的并列连词"臮"，《史记集解》说"淮、夷二水，出蠙珠及美鱼"，阐明了"臮"与"及"的近义关系以及并列连词时代兴替的信息。而《史记索隐》则说"臮，古'暨'字。臮，与也。言夷人所居淮水之处，有此蠙珠与鱼也"，不但提供了"臮"的另一个近义词"与"的信息，而且对"臮"的来源"暨"进行了阐释。

---

[1]"遝"通"罘"。桂馥《说文解字义证》："(罘)目相及也者。"

再后的文字学著作，如清代学者段玉裁的《说文解字注》等，也涉及对某些并列连词的考证。如段注对《说文·㐺部》“臮”的分析“或假‘洎’为之”，提供了并列连词“臮”与“洎”相联系的一个线索。

近年来，《汉语大字典》（1986年起刊）、《甲骨文虚词词典》（张玉金，1994）、《古今汉语虚词大辞典》（张玉金，1996）、《古汉语虚词词典》（王海棻 等，1996）、《古代汉语虚词词典》（中国社会科学院语言研究所古代汉语研究室，1999）等辞书也对单个汉语并列连词进行了举例描写。

这些书中关于某个并列连词的阐释虽字数不多，但记录了不同历史时期汉语并列连词的有关信息，提供了观察汉语并列连词历史演变的宝贵线索，是发现其历史演变的窗口。

二、分类阐释

随着虚词专著的问世，作为虚词中的一类，汉语并列连词的研究成果更为集中了。古代的虚词著作，有元代卢以纬的《语助》，清代袁仁林的《虚字说》、刘淇的《助字辨略》、王引之的《经传释词》等；之后的虚词专著，有《文言虚字》（吕叔湘，1944）、《词诠》（杨树达，1956）、《古书虚字集释》（裴学海，1954）、《经词衍释》（吴昌莹，1956）、《经传释词补》（孙经世，1956）、《古汉语虚词》（杨伯峻，1981）、《广释词》（徐仁甫，1981）、《文言虚词通释》（尹君，1984）、《古代汉语虚词通释》（何乐士 等，1985）、《文言复式虚词》（楚永安，1986）、《古代关联词语手册》（秦礼君，1986）、《经传释词札记》（俞敏，1987）、《古代汉语虚词类解》（陈霞村，1992）、《古汉语同义虚词类释》（佘德泉，1993）、《两周金文虚词集释》（崔永东，1994）、《中古虚词语法例释》（董志翘 等，1994）等，这些专著都从虚词的角度对汉语并列连词进行了分类讨论。

此外，汉语语法专著，如《马氏文通》（马建忠，1983），以及后来相继出现的《中等国文典》（章士钊，1907）、《国文法草创》（陈承泽，1922）、《国文法之研究》（金兆梓，1922）、《新著国语文法》（黎锦熙，1924）、《中国文法论》（何容，1985）等，从语法学的角度对连词的称谓、分类及其在语法体系中的地位等问题进行了分类讨论。

三、调查与描写

20 世纪 80 年代后，汉语并列连词的研究成果中出现了专书和某个时代汉语词汇的语法研究著作，如《西周金文语法研究》（管燮初，1981）、《白话语汇研究》（香坂顺一，1997）、《水浒词汇研究（虚词部分）》（香坂顺一，1992）、《〈朱子语类〉句法研究》（祝敏彻，1991）、《敦煌变文 12 种语法研究》（吴福祥，2004a）、《〈吕氏春秋〉词类研究》（殷国光，1997）、《〈睡虎地秦墓竹简〉语法研究》（魏德胜，2000）、《甲骨文语法学》（张玉金，2001）、《〈三国志〉裴注句法研究》（何亚南，2001）、《西周汉语语法研究》（张玉金，2004）、《今文尚书语法研究》（钱宗武，2004）等。这些著作更加注重对语言历史事实的调查与描写，使研究更趋细致、系统、深化。

此外，这一时期还出现了针对某一时代的汉语并列连词的调查报告和论文，如《先秦虚词"与"字的调查报告》（王克仲，1984）、《古汉语中的"与"和"及"》（徐萧斧，1981）、《西周春秋铜器铭文中的联结词》（陈永正，1986）、《并列连词"与、及"用法辨析》（周生亚，1989）、《试论"和"，附论"共"和"连"》（刘坚，1989）等。其中，王克仲（1984）对先秦时期的"与"，陈永正（1986）对金文中的“眔、及、于、雩”，徐萧斧（1981）、周生亚（1989）对先秦两汉文献中的“与”和“及”，刘坚（1989）对唐代以后的“和”以及“共”和“连”的使用情况进行了普遍的调查。另外，张玉金（1990）对甲骨文中的“暨”、赵诚（1996/1998）对金文中的“于”和“隹、唯（虽、谁）”、郭齐（2000）对传世文献中的“并”等进行了研究。

随着专书以及某一时代汉语并列连词历史调查研究成果的增加，汉语并列连词共时系统的描写更具体细致，为历时演变的研究提供了有力的支撑。

四、专题探讨

1949 年后，对汉语并列连词专题所展开的讨论，主要以论文的形式出现。先后有《说“跟”跟“和”》（俞敏，1952）、《“和”还是“或”？》（王幼于，1952）、《并列成分的结构》《“与”类连词在多叠并列中的位置》《用“和”字连接的成分》（徐萧斧，1953a/1953b/1957）、《多叠并列的最后两项之间加“与”类连词的问题》（斯尔螽，1957）、《谈“和”的几种用法》（问真，1961），以及英国汉学家葛瑞汉（A.C. Graham）的 *Some basic problems of classical Chinese syntax*（《古汉语句法中的一些基本问题》，1968）等。学者们所关注的是不同并列连词之间的区别、并列与选择的逻辑语义区别、并列连词所连接的成分的性质、多项并列成分最后两项之间的并列连词、并列连词的不同用法、古汉语中并列连词和介词的区分方法等，且开始关注“与”类连词的位置及其是否受欧化的影响、“和”与“或”“跟”的区别方法及使用规范等问题，同时注意到“与”类连词除了有连接的作用外，还有界划的作用等。此间葛瑞汉的论文较早地提出了古汉语中并列连词和介词的区分方法问题。

第三节　历时研究

汉语并列连词的历时研究，可分为以往所关注的问题和述评两个方面。

一、以往所关注的问题

汉语并列连词的历时研究首先见于汉语语法史专著中，如《中国语历史文法》（太田辰夫，1958）、《中国古代语法（造句篇）》（周法高，1961）、《古汉语语法提要》（马汉麟，1980）、《古汉语纲要》（周秉钧，1981）、《汉语语法史概要》（潘允中，1982）、《汉语语法史纲要》（史存直，1986）、《汉语语法史》（王力，1989）、《汉语历史语法要略》（孙锡信，1992）、《简明汉语史》（向熹，1993）、《中国中世语法史研究》（志村良治，1995）、《近代汉语语法研究》（冯春田，2000）等。它们从汉语史的角度将并列连词作为单独的一类来讨论，对不同时代的用法进行了集中的梳理与阐释，使汉语并列连词历史演变的信息更为详细了。

其次，在专题论文中，除了更加关注某个并列连词的出现时代、用法及其在后代的变化外，作者还对某些并列连词在文献中的使用情况进行了对比，并对它们的来源等问题进行了讨论。如徐萧斧（1981）比较了介词和连词“与”“及”在先秦文献中分布的差异，刘坚（1989）对并列连词“和”、周生亚（1989）对并列连词“与”和“及”的来源等问题进行了讨论等，使研究更加深入了。

再次，出现了更为集中地讨论汉语并列连词历史演变的专题论文，如 *History of some coordinative conjunctions in Chinese*（《汉语某些并列连词的历史》，刘坚 等，1994）、《论平行虚化》（洪波，1999）、《并列连词的语法化轨迹及其普遍性》（马清华，2003）、《汉语伴随介词语法化的类型学研究——兼论 SVO 型语言中伴随介词的两种演化模式》（吴福祥，2003）等。并列连词的语法化问题成为研究关注的焦点，研究者不但对某个或某几个并列连词的使用时代、用法等问题进行了讨论，而且从实词虚化或语法化等理论角度对它们的历史演变进行了解释，对某些并列连词语法化的机制和发展方向等问题作了探讨。如刘坚和贝罗贝（1994）提出汉语并列连词在语法化过程中存在一个"动词 → 介词 → 并列连词"的语法化链（grammatical chain）；洪波（1999）指出汉语词汇历史演变中存在"平行虚化"等现象，并以此对并列连词"及""与""共"的虚化过程进行了分析；马清华（2003）注意到了汉语并列连词的语法化轨迹中存在一个由"语并列连词"向"句并列连词"演化的趋势，认为并列连词的连接功能由连接单句内部成分向连接复句中的分句发展变化；吴福祥（2003）从类型学的角度探讨了汉语并列连词语法化的共性，运用汉语方言、汉藏语系少数民族语言以及其他人类语言中并列连词的材料，讨论了汉语并列连词语法化过程中所表现出来的类型学特征，研究的理论性与系统性更强了。

二、述评

尽管汉语并列连词在共时和历时方面出现了诸多研究成果，但将共时和历时结合起来的汉语并列连词历史演变的研究尚未深入展开，很多问题仍有待探讨。

一方面，从研究内容上看，并列连词历史演变的系统性和整体性研究还可进一步加强。虽然前人的研究中已开始了对并列连词共性的某些讨论，但是对于并列连词历史发展过程中的整体变化特点和趋势的综合性考察不够，对并列连词系统成员之间的关系等问题还可进行探讨。对某些历史上曾经出现过的单音节并列连词缺乏系统描写，对有些词的来源与兴替缺乏考察；对双音节并列连词的考察也重视得不够。对并列连词在完成了语法化之后的“后语法化”情况缺乏跟踪，对并列连词语法化过程的整体认识还可进一步深化。具体的问题如：

（1）一般认为汉语并列连词的语法化过程经历了“动词→介词→并列连词”的语法化链，但并列连词在完成了由动词向并列连词的语法化之后，其连接功能是否随着使用的增加而得以扩展？功能扩展后，其使用形式是否继续发生变化？

（2）如果认为上古的并列连词“与”也是经语法化而来的，但“与”是在春秋以后才出现的，从时间上看，没有足够的材料证明动词“与”曾经经历过从动词到介词，然后才到并列连词这样一个演变过程，那么它的来源到底是什么？

（3）“并”和“並”的动词意义不同，动词“并”有“兼并”的意思，而动词“並”是“依傍”的意思，它们是否都能语法化为并列连词？如何厘清它们的关系？如《汉语大字典》把《汉书·张汤传》“奸吏並侵渔”中的“並”视为连词；《古今汉语虚词大辞典》把《史记·秦始皇本纪》“借使秦王计上世之事，並殷周之迹，以制御其政”中的“並”当作连词；《敦煌变文12种语法研究》把《敦煌变文·双恩记》“如是次弟，並推年老，无一受者”中的“並”也当作连词。仔细推敲，“並”和“并”真的一样吗？

（4）对于现代汉语共时平面研究中尚未解决的问题，如伴随介词和并列连词的区别，以及“连”字句中“连”的词性等，能否从历时的角度对其进行解释？并列连词的历时研究能否为解决现代汉语共时研究中的问题提供依据或帮助？

另一方面，从研究语料上看，在浩瀚的历史语料中，找到语体、文体等具有一致性的语料来进行研究虽是必要的，但实在不是件容易的事。正因如此，宗教语料在汉语研究中受到青睐，目前佛经语料被广泛用于汉语史的研究。但因受佛经原典语言的不确定性及内容解读的随意性、模糊性等限制，这种研究举步维艰。是否能找到其他同质的语料来弥补语料上的不足，从而使研究更具科学性？这种研究工作是否值得一试？

总之，汉语并列连词历史演变研究中还有很多工作可做。

第四节　本书的研究方法

本书主要以历史语言学中的共时与历时、组合与聚合理论为依托，从语法化的角度来考察分析各历史阶段的汉语并列连词的来源、发展及演变。

研究主要采取历史文献调查法。限于时间和能力，无法实现对所有历史文献中的并列连词进行调查，故采取以点带面、点面结合的历史文献调查法，综合考察汉语并列连词的历史发展演变。

所谓的“点”，首先是按时代选定先秦、秦汉、魏晋南北朝、唐五代、宋代、元代、明代、清代八个时间点，然后以这八个时间点的历史文献中的一些代表性文献作为切入点，对其中的并列连词进行调查、梳理，描写其中的历史演变现象。

所谓的“面”，是指在讨论某个具体语言现象时，不局限于切入点中的文献，而是就文献调查中所发现的语言现象，扩大语料的调查范围，寻找其他共时或历时语料的支持，从而进一步明确不同历史时期的并列连词的使用情况。

历史文献调查是指先梳理每个并列连词的历史发展演变脉络，然后总结不同时段汉语并列连词的共时系统及其历时兴替情况，进而寻找并列连词历史发展演变的特点和规律。为便于描写，把这八个时间点分为上古、中古、近代三个时段：把西汉及以前的时期称为上古，东汉至唐代称为中古，宋代至清代称为近代。

作为切入点的语料如下：（1）上古：《诗经》、今文《尚书》[1]、

---

[1]根据张玉金（2004）的研究，传世文献中能够确定（转下页）

《左传》和《史记》;(2)中古:《三国志》《宋书》《魏书》《世说新语》和目前所知的早期汉译《圣经》语料,如《序听迷诗所经》《大秦景教流行中国碑颂并序》;(3)近代:《朱子语类》《元刊杂剧三十种》《儿女英雄传》《红楼梦》以及《神天新遗诏书》、和合本《圣经》等汉译《圣经》语料。

在语料方面,为了弥补语料调查的不足,每个时段都尽量选用传世文献和出土文献两种语料。为了突破使用单一宗教语料进行汉语史研究的瓶颈,使用其他宗教语料进行汉语史的研究成为当务之急。因理想语料应具备“(1)内容具有广阔的社会文化生活覆盖面;(2)语体不过于典雅而含有较多的口语成分;(3)基本保持历史原样,年代大致可考,并具有充足的数量”(朱庆之,1996)等特征,而汉译《圣经》语料不但具有原典语言的确定性与内容的不变性等优势,同时语言更新的重译工作历世历代都在进行,此外汉译《圣经》还有诸多方言译本可供参考,故本书使用这种语料进行新的尝试。

下文从上古、中古、近代三个时段,先对汉语并列连词进行共时的描写,然后探讨其历时的来源,最后归纳总结汉语并列连词历史演变的规律。

(接上页)为西周时期语料的有:《诗经》(周颂、大雅、小雅),《尚书》(大诰、康诰、酒诰、梓材、召诰、洛诰、多士、无逸、君奭、多方、立政、顾命、康王之诰、费誓、吕刑),《周易》(卦辞、爻辞),《逸周书》(世俘、商誓、皇门、尝麦、祭公、芮良夫、度邑、克殷、作雒)。本书在确定西周时期的语料时以此为准。

第二章　上古时期的汉语并列连词

研究上古汉语并列连词的语料主要有两类：一类是甲骨文、金文、秦简等出土文献；一类是《诗经》、今文《尚书》、《论语》、《左传》和《史记》等传世文献。上古时期大致可分为殷商西周、春秋战国、秦和西汉三个时段：殷商西周时期主要是前人对甲骨文、金文的研究成果[1]以及对《诗经》和今文《尚书》中所公认的属于西周时期的作品的语料调查；春秋战国时期主要以对《左传》的调查为主，必要时辅以对《论语》等文献的调查；秦和西汉时期主要以前人对《睡虎地秦墓竹简》的研究成果（魏德胜，2000）以及对《史记》的调查为主。

本章旨在对上古汉语并列连词系统进行分类描写和总结，分四节。前三节对上古时期的汉语并列连词从时代、功能等角度进行分类描写：首先根据这一时期并列连词之间的音义关系，将上古汉语中的并列连词分为“及”组、“与”组两组并对其进行分组描写；之后对在上古后期萌芽的并列连词“并”“及与”进行描写。第四节对上古汉语并列连词系统进行总结。

在描写中，本章将从并列连词所连接的成分的数量和性质两方面进行考察，前者分为连接两项和多项（本书中的“多项”指三项或三项以上成分——作者注）两种，后者分为连接体词性成分和连接谓词性成分两种。其中，连接两项体词性成分是

[1]甲骨文、金文“眔”“及”“于”“雩”的例句及译文引自：管燮初（1981），陈永正（1986），张玉金（1990/2002/2004）。

汉语并列连词最基本的用法，连接多项体词性成分是其连接功能在数量上的扩展；连接两项谓词性成分是其连接功能强化的表现，是所连接成分在性质上的改变，是其连接功能由句内向句际的扩展。

第一节 “及”组：眔、及、暨、臮

上古汉语中，与“及”有关的并列连词有“眔、暨、臮”三个。本节先按时代对这一组中四个词的用法逐一进行描写并讨论其来源，之后说明其关系。

一、眔

并列连词“眔”在殷商与西周两个时期的出土文献中使用。

（一）殷商时期

“眔”的并列连词用法在甲骨文中已出现，它有连接两项体词性成分的用法，与其连接的成分组成的短语可作主语、宾语、谓语等。

1. 连接两项并列主语

①贞：遘眔永获鹿？允获。贞：遘眔永不其获鹿？[1]（《甲骨文合集》1076）

②豚眔羊皆用？（《甲骨文合集》31182）

③雪眔门皆用，又雨。（《甲骨文合集》41411）

---

[1]以上内容是卜问遘和永两个人会不会获鹿。

例①、例②、例③中“眔”所连接的成分“遘”与“永”、“豚”与“羊”、“雪”与“门”作并列主语。

2. 连接两项并列宾语

④癸未卜，壳贞：告于妣己眔妣庚？贞：勿告于妣己眔妣庚？[1]（《甲骨文合集》1248）

⑤翌日□王令右旅眔左旅[illegible]见方，杀，不雉众。[2]（《小屯南地甲骨》2328）

例④中“眔”所连接的成分“妣己”“妣庚”作动词短语“告于”的宾语；例⑤中“眔”所连接的成分“右旅”“左旅”作动词“令”的宾语。

3. 连接两项体词性谓语

⑥丙午卜，壴贞：壴八羊眔酒三十牛？[3]（《甲骨文合集》16223）

⑦庚寅卜：父乙岁眔施*[4]？[5]（《甲骨文合集》32879）

⑧庚午卜，即贞：王宾兄庚登眔岁，亡尤？[6]（《甲骨文合集》23485）

上面三个例子中，“眔”与其连接的成分组成的短语“壴八羊眔酒三十牛”“岁眔施*”“登眔岁”充当谓语，“壴八羊”与“酒三十牛”，“岁”与“施*”，“登”与“岁”均为祭祀名。

---

[1]以上内容是卜问要不要告祭妣己和妣庚。

[2]以上内容是卜问第二天王命令右旅和左旅去征伐见方，会不会胜利，能不能损伤众。

[3]以上内容是卜问用八头羊进行壴祭并用三十头牛进行酒祭好不好。

[4]由于甲骨文中的某些字尚未被辨认，本文采取张玉金（2002）的“宽式”表示方法，用*号来表示*前面的字在甲骨文中作一个与此字类似的字。

[5]以上内容是卜问父乙受岁祭并受施*祭好不好。

[6]以上内容是卜问王为兄庚举行登祭和岁祭好不好。

（二）西周时期

并列连词“罘”在金文中仍在使用，但连接功能在数量上有所扩展，除了有连接两项体词性成分的用法外，还出现了连接多项体词性成分的用法。

1. 连接两项体词性成分

金文中的“罘”所连接的两项并列成分可作主语、宾语。

⑨胡叔罘信姬其易寿考，多宗永命。（《胡叔鼎铭》）

⑩王令士上罘史寅殷于成周。（《臣辰卣铭》）

⑪王令士上罘史寅殷于成周，谷百生豚罘赏卣鬯贝。（《臣辰卣铭》）

以上“罘”与其连接的成分组成的短语，例⑨中的“胡叔罘信姬”作并列主语，例⑩中的“士上罘史寅”与例⑪中的“谷百生豚罘赏卣鬯贝”作动词“令”的宾语。

2. 连接多项体词性成分

“罘”连接多项体词性成分时，有单用和相同连词连用两种用法。

⑫王射，有司罘师氏、小子合射。（《令鼎铭》）

⑬令女司成周里人罘者（诸）侯、大亚。（《䚄簋铭》）

以上是并列连词“罘”单用的例子。“罘”在例⑫中连接的成分为“有司”“师氏”“小子”三项，在例⑬中连接的成分为“里人”“者（诸）侯”“大亚”三项。

⑭王令静司射学宫，小子罘服罘小臣罘尸（夷）仆学射。（《静簋铭》）

⑮王在周，令免乍司土，司奠还林罘吴罘牧。（《免盘铭》）

以上是并列连词“罘”连用且连接多项体词性成分的例子。连用的“罘”在例⑭中连接“小子”“服”“小臣”“尸（夷）

仆”四个成分，在例⑮中连接“林”“吴”“牧”三个成分。

并列连词“眔”的使用在西周时期达到顶峰。据陈永正（1986）研究，“‘眔’在西周金文中出现约五十余次，多用为并列连词”。

在殷商时期的金文出土文献中，并列连词“眔”除了沿用甲骨文中所出现的连接两项并列主语、宾语和谓语的用法外，还出现了连接多项并列成分的用法。在连接多项并列成分时，又有单用和连用两种用法。

（三）并列连词“眔”的来源

《说文·目部》：“眔，目相及也。从目，从隶省。”可见它原本是动词，意为“以眼目相追及”，“瞩目”。动词“眔”可带宾语，构成“眔 NP”结构。

⑯ 贞：惠师乎眔𠂤？[1]（《甲骨文合集》6857）

⑰……小乙其眔，一牛？[2]（《小屯南地甲骨》657）

动词“眔”后面的宾语可以是动作的对象，如例⑯；也可以单独使用，后面不带宾语，表示“跟着”的意思，如例⑰。

当“眔 NP”结构前后出现了其他 VP 时，“眔”可语法化为介词。

⑱ 己巳贞：其获＊祖乙，眔父丁？弜眔父丁宜＊？[3]（《小屯南地甲骨》1128）

---

[1]以上内容是卜问让师跟𠂤在一块儿好不好。

[2]以上内容是卜问小乙跟着（祖乙受卯祭），使用一头牛好不好。

[3]“获＊”“宜＊”都是祭名。以上内容是卜问将要获＊祭祖乙了，（祖乙）是跟父丁一起受宜＊祭好，还是不跟父丁一起受宜＊祭好。

介词“眔”引进动作的对象时，其位置有两种：一种是在动词后，如例⑱中的前一个“眔”；另一种是在动词前，如例⑱中的后一个“眔”。

当介词“眔”前面的NP1出现时，则“NP1+眔NP2”结构有可能被重新分析。从理论上说，由结构复杂化所导致的重新分析有两种结构形式：一种是VP在前面的“VP+NP1+眔NP2”结构；另一种是VP在后面的“NP1+眔NP2+VP”结构。在这两种结构中，如果NP1、NP2具有同时参与VP动作的共性，则“NP1+眔NP2”结构可被视为一个整体，“眔”可被重新分析为并列连词。具体来说，前一种结构被重新分析的过程为：

VP+NP1+眔 NP2 → VP+NP1+眔 +NP2

例⑱中的“其获＊祖乙，眔父丁”结构可被视为“其获＊祖乙眔父丁”，“眔”可被重新分析为并列连词。

后一种结构被重新分析的过程为：

NP1+眔 NP2 + VP → NP1+眔 +NP2 + VP

⑲公眔二父酒。[1]（《甲骨文合集》27416）

在例⑲中，由于NP1“公”和NP2“二父”同时参与了“酒”这一动作，所以“公眔二父”可被视为一个整体，“眔”可被重新分析为并列连词。

从并列连词“眔”的语法化过程看，它也是经过了“动词→介词→并列连词”这样的变化过程，说明刘坚和贝罗贝（1994）所提出的用“动词→介词→并列连词”的语法化链概括汉语并列连词的语法化过程具有解释力。但是需要指出的

[1]以上内容是卜问公跟二父一起受酒祭好不好。

是，动词“眔”发生语法化的途径有连带介词和伴随介词两种，这两种途径的句法结构不同，它们各自语法化为并列连词后，并列连词所连接的并列NP的句法功能也不同，前者作并列宾语，后者作并列主语。由于动词、介词、并列连词之间的界限有时存在模糊的中间阶段，所以如果没有前后语境辅助判断的话，对于连带介词与动词、伴随介词与并列连词之间的区别问题往往见仁见智。

出土文献虽然因没被后人改动而具有较高的语言学研究价值，但是鉴于其中所存在的文字识别等问题，有时不能提供分析汉语并列连词语法化过程的完整资料，这时把出土文献中的语言现象与传世文献材料中的语言现象结合起来，则可以勾勒出汉语并列连词的语法化过程。通过后文对并列连词“及”的语法化过程的分析，我们可以更清楚地看到这一点。

二、及

并列连词“及”在西周、春秋战国、秦汉三个时段的文献中使用。

（一）西周时期

在西周传世文献《诗经》《尚书》[1]以及出土文献中，并列连词“及”有连接两项体词性成分、连接多项体词性成分和连接两项谓词性成分三种用法。

[1]参钱宗武（2004）对《尚书》中并列连词“及”的调查。

1. 连接两项体词性成分

西周时期的文献中，“及”与其连接的两项并列体词性成分组成的短语在句中可作主语、宾语。

①其钓维何？维鲂及鲊。（《诗经·小雅·采绿》）

②或来瞻女，载筐及筥。（《诗经·周颂·良耜》）

例①、例②中的“及”所连接的成分组成的短语“鲂及鲊”“筐及筥”作并列的宾语。

③海岱及淮惟徐州。（《尚书·禹贡》）

④荆及衡阳惟荆州。（《尚书·禹贡》）

⑤时日曷丧？予及汝皆亡！（《尚书·汤誓》）

⑥二公及王，乃问诸史与百执事。（《尚书·金縢》）

例③至例⑥中“及”与其连接的成分组成的短语“海岱及淮”“荆及衡阳”“予及汝”“二公及王”作并列的主语。

2. 连接多项体词性成分

西周时期，“及”有连接多项并列体词性成分的用法。

⑦我友邦冢君、御事、司徒、司马、司空、亚旅、师氏、千夫长、百夫长，及庸、蜀、羌、髳、微、卢、彭、濮人。（《尚书·牧誓》）

例⑦中，“及”连接“冢君”“御事”“司徒”等17项并列成分。“及”将前面的9个不同官职的人与后面的8个不同地方的人连接起来，既可视为连接多项体词性成分，也可视为连接两项体词性成分的用法在数量上的扩展。“及”连接多项体词性成分的用法在春秋战国时期更多。

3. 连接两项谓词性成分

西周中后期的金文中出现的并列连词“及”则是典型的连接两项谓词性成分的用法。

⑧乃俾□以曶酉彶羊、丝三寽，用致兹人。（《曶鼎铭》）

例⑧中，“彶”作“及”。

（二）春秋战国时期

并列连词“及”在春秋战国时期的《王孙钟铭》等出土文献以及《左传》《韩非子》等传世文献中普遍使用。

1．单用，连接两项体词性成分

春秋战国时期的文献中，“及”与其连接的两项并列成分组成的短语在句中可作主语、宾语。

⑨今兹周王及楚子皆将死。（《左传·襄公二十八年》）

⑩吴将伐齐，越子率其众以朝焉，王及列士皆有馈赂。（《左传·哀公十一年》）

⑪期思公复遂为右司马，子朱及文之无畏为左司马，命夙驾载燧。（《左传·文公十年》）

⑫周公及武公娶于薛，孝、惠娶于商……（《左传·哀公二十四年》）

以上例句中的“及”与其连接的成分组成的短语“周王及楚子”“王及列士”“子朱及文之无畏”“周公及武公”作并列的主语。

⑬夜获之及栾共叔。（《左传·桓公三年》）

⑭傅瑕杀郑子及其二子，而纳厉公。（《左传·庄公十四年》）

⑮子孔当罪，以其甲及子革、子良氏之甲守。（《左传·襄公十九年》）

⑯用乐嘉宾父兄及我倗友。（《王孙钟铭》）

以上例句中，“及”与其连接的成分组成的短语“之及栾共叔”“郑子及其二子”“其甲及子革、子良氏之甲”“嘉宾父兄及我倗友”作并列的宾语。

此外，“及”还可以单用，连接并列谓词性短语。

⑰二十一年春，公如晋，拜师及取郲田也。(《左传·襄公二十一年》)

⑱父兄大臣上请爵禄于上，而不卖之以收财利及以树私党。(《韩非子·八奸》)

“及”所连接的成分，前一个例子中的“拜师”和“取郲田”、后一个例子中的“收财利”和“树私党”，尽管都是谓词性短语，但前一例中有“也”字煞尾，谓词性成分不能独立成句，后一例中有介词“以”连续出现，谓词性短语都作介词“以”的目的宾语，所以，这种用法可视为连接两项体词性成分的功能在所连接的成分的词性上的扩展，其逻辑语义关系为递进性或兼容性并列关系。

2. 单用，连接多项体词性成分

并列连词“及”单用，连接三项体词性成分，居前。

⑲己亥，焚雍门及西郭、南郭。(《左传·襄公十八年》)

⑳齐，王舅也；晋及鲁、卫，王母弟也。(《左传·昭公十二年》)

以上例句中，“及”与其连接的成分组成的短语“雍门及西郭、南郭”作宾语，“晋及鲁、卫”作主语。

此外，“及”还可以单用，连接三项以上的并列成分，居前。

㉑王及公、侯、伯、子、男，甸、采、卫、大夫，各居其列，所谓周行也。(《左传·襄公十五年》)

㉒故薳氏之族及薳居、许围、蔡洧、蔓成然，皆王所不礼也。(《左传·昭公十三年》)

以上例句中，“及”与其连接的成分组成的短语“王及公、侯、伯、子、男，甸、采、卫、大夫”“薳氏之族及薳居、许围、蔡洧、蔓成然”作主语。这类用法可视为连接多项体词性成分的功能在连接成分数量上的扩展。

并列连词“及”单用，连接三项体词性成分，居后。

㉓遂杀丕郑、祁举及七舆大夫。(《左传·僖公十年》)

㉔夫人因戴氏之族,以杀襄公之孙孔叔、公孙钟离及大司马公子卬,皆昭公之党也。(《左传·文公八年》)

以上例句中,“及”与其连接的成分组成的短语“丕郑、祁举及七舆大夫”“襄公之孙孔叔、公孙钟离及大司马公子卬”作宾语。

3. 并列连词连用

并列连词的连用包括相同并列连词连用和不同并列连词连用两种。并列连词“及”可以连用,连接三项以上并列成分。

㉕及共王即位,子重、子反杀巫臣之族子阎、子荡及清尹弗忌及襄老之子黑要,而分其室。(《左传·成公七年》)

上例连用的两个“及”所连接的成分“巫臣之族子阎、子荡”“清尹弗忌”“襄老之子黑要”在句中作宾语。

相同的并列连词连用时,并列连词是被连接成分之间具有列举关系的标记,表示被连接的成分处于同一个层次。如例㉕中连用两个“及”,先后列举了三类被杀的对象:一类是属于“巫臣之族”的“子阎、子荡”,一类是“清尹弗忌”,一类是“襄老之子黑要”。

并列连词“及”与并列连词“与”连用。

㉖令尹炮之,尽灭郤氏之族党,杀阳令终与其弟完及佗,与晋陈及其子弟。(《左传·昭公二十七年》)

这个例句既包含了相同并列连词连用,也包含了不同并列连词连用。其中相同并列连词连用是“与”连用,不同并列连词连用是“及”“与”连用。

连用的“与”先后列举标记出了两类被杀的对象:一类是“阳令终”族,一类是“晋陈”族。如果被杀的对象不用列举族类中的每个成员,只以族类为单位的话,则不用连用“与”,只用后一个“与”就够了，即“杀阳令终与晋陈”。但是，为了表达的具体化与精细化，例句中使用了不同并列连词连用的区分手段：一是以同样的并列连词“与”连用，来区分不同的族类；二是以不同的并列连词“及”“与”连用，来区分下一级的各族类内部的附属关系。其层级关系如下：

Ⅰ 杀阳令终与1其弟完及佗，与2晋陈及其子弟。

Ⅱ 杀阳令终与1其弟完及佗，与2晋陈及其子弟。

Ⅲ 杀阳令终与1其弟完及佗，与2晋陈及其子弟。

从句法结构上看，当不同的并列连词连用时，它们各自所连接的成分不在同一个层级上。这样，并列连词的作用就不仅仅在于列举，同时也表明层级关系。在上面的例子中，“及”所连接的两个并列成分所组成的短语“其弟完及佗”和“晋陈及其子弟”属于最低的层级，位于连用的两个“与”所连接的并列成分之下。从句法功能和并列连词用法的类型上看，连用的两个“与”尽管句法结构层级相对较高，但是从其连接的成分所充当的句法功能来看，“阳令终与其弟完及佗，与晋陈及其子弟”都是动词“杀”的宾语，所以，实际上被“杀”的对象只有两类。那么，实际上后面的“与”是连接两项体词性成分的用法，前面的“与”是相同并列连词连用的用法，而句中的两个“及”各自都是连接两项体词性成分的用法。

（三）秦汉时期

并列连词“及”在秦汉时期的出土文献《睡虎地秦墓竹简》及传世文献《史记》中广为使用，其特点是：除了连接两项及多项体词性成分、连接两项谓词性成分、相同并列连词连用外，连接体词性成分与谓词性成分的用法在句法功能以及逻辑语义关系上有了进一步扩展。

1. 连接两项体词性成分

并列连词“及”单用，与其连接的两项并列成分组成的短语在句中可作主语、宾语。

㉗ 弦望及五辰不可以兴乐□……[1]（《睡虎地秦墓竹简·日书甲》186）

㉘ 禹之曾大父昌意及父鲧皆不得在帝位，为人臣。（《史记·夏本纪》）

上面的例句中，“及”与其连接的成分组成的短语“弦望及五辰”“曾大父昌意及父鲧”作主语。

“及”与其连接的并列成分组成的短语在句中作宾语时，又可分为单宾语和双宾语两种。

㉙ 捕赀罪，即端以剑及兵刃刺杀之，可(何)论？（《睡虎地秦墓竹简·法律答问》204/122）

㉚ 冀州：既载壶口，治梁及岐。（《史记·夏本纪》）

以上是作单宾语的例子。“及”所连接的并列成分组成的短语“剑及兵刃”“梁及岐”是并列的体词性宾语。

2. 连接两项体词性成分的用法在宾语中的扩展

秦汉时期，连接两项体词性成分的用法在宾语功能上的扩展主要表现在三个方面：其与所连接的体词性成分组成的短语分别作双宾语和兼语[2]，以及连接谓词性宾语。

（1）并列连词“及”与其连接的成分组成的短语在句中作双宾语。

---

[1]《睡虎地秦墓竹简》的例子转引自魏德胜《〈睡虎地秦墓竹简〉语法研究》。

[2]兼语用法兼具宾语和主语的功能，因不是本书讨论的重点，所以暂归到宾语部分来描写。

㉛ 上为立后故，赐天下鳏寡孤独穷困及年八十已上孤儿九岁已下布帛米肉各有数。(《史记·孝文本纪》)

㉜ 齐襄王闻睢辩口，乃使人赐睢金十斤及牛酒，睢辞谢不敢受。(《史记·范睢蔡泽列传》)

上面前一例中的“及”与其连接的并列成分组成的短语“天下鳏寡孤独穷困及年八十已上孤儿九岁已下”作动词“赐”的间接宾语，直接宾语是“布帛米肉”；后一例中“及”与其连接的并列成分组成的短语“金十斤及牛酒”作直接宾语，间接宾语是“睢”。

（2）并列连词“及”与其连接的成分组成的短语在句中作兼语。

㉝ 项梁使沛公及项羽别攻城阳，屠之。(《史记·项羽本纪》)

㉞ 使开章阴告长，与谋使闽越及匈奴发其兵。(《史记·淮南衡山列传》)

以上例句中，“及”与其连接的成分组成的短语“沛公及项羽”“闽越及匈奴”作兼语。

（3）并列连词“及”连接谓词性宾语。

㉟ 春二月，毋敢伐材木山林及雍(壅)堤水。(《睡虎地秦墓竹简·秦律十八种》26/20)

㊱ 晋文公重耳伐卫，分其地予宋，讨前过无礼及不救宋患也。(《史记·卫康叔世家》)

以上例子中，“及”与其连接的谓词性成分组成的短语“伐材木山林及雍(壅)堤水”“前过无礼及不救宋患”都位于动词后，分别作动词“敢”“讨”的宾语。

“及”所连接的宾语逐渐复杂化，出现了并列体词性成分作双宾语、兼语等用法，以及并列的谓词性成分作宾语的用法，这些均可视为连接两项体词性成分的用法在宾语功能上的扩展。

3. 连接两项谓词性成分的用法在定语中的扩展

秦汉时期，各类文献中出现了大量并列连词“及”连接谓词性成分作定语的例子。

㊲其四十有二人，无年及不见书传者纪于左。(《史记·仲尼弟子列传》)

㊳事末利及怠而贫者，举以为收孥。(《史记·商君列传》)

㊴杀人者死，伤人及盗抵罪。(《史记·高祖本纪》)

㊵其不事学若下材及不能通一艺，辄罢之，而请诸不称者罚。(《史记·儒林列传》)

上面例子中的“无年及不见书传”“事末利及怠而贫”“伤人及盗”“不事学若下材及不能通一艺”虽然都是谓词性成分，但每句中都受“者”的管辖，意指出现这些情况的人，所以这些谓词性成分在句中都没有单独作谓语的资格，而是作“者”的定语。值得注意的是，这种谓词性成分之间除了具有并列关系外，还兼有选择性的关系，只要“及”前或“及”后中的任何一种情况出现，命题就成立，可称其逻辑语义关系为选择性或非兼容性的并列关系。

4. 连接多项体词性成分

“及”可以单用，连接三项体词性成分，居前。

㊶徙天下豪富于咸阳十二万户。诸庙及章台、上林皆在渭南。(《史记·秦始皇本纪》)

㊷岁星逆行天廷中。置南陵及内史、祋祤为县。(《史记·孝景本纪》)

以上例句中，“及”与其连接的三项并列体词性成分组成的短语“诸庙及章台、上林”作并列主语，“南陵及内史、祋祤”

为兼语。

此外，“及”还可以单用，连接三项以上的并列成分，居前。

㊸薄忌泰一及三一、冥羊、马行、赤星，五，宽舒之祠官以岁时致礼。(《史记·孝武本纪》)

㊹少帝及帝梁、淮阳、常山王，皆非真孝惠子也。(《史记·吕太后本纪》)

以上例句中，“及”与其连接的成分组成的短语“泰一及三一、冥羊、马行、赤星”“少帝及帝梁、淮阳、常山王”作主语。

“及”可以单用，连接三项体词性成分，居后。

㊺大啬夫、丞及官啬夫有罪。(《睡虎地秦墓竹简·秦律十八种》84/51)

㊻独子胡亥、赵高及所幸宦者五六人知上死。(《史记·秦始皇本纪》)

以上例句中，“及”与其连接的三项并列体词性成分组成的短语“大啬夫、丞及官啬夫”“子胡亥、赵高及所幸宦者”作主语。

此外，“及”还可以单用，连接三项以上的并列成分，居后。

㊼夜，有司分部诛灭梁、淮阳、常山王及少帝于邸。(《史记·吕太后本纪》)

㊽太史公曰：吾读管氏《牧民》《山高》《乘马》《轻重》《九府》，及《晏子春秋》，详哉其言之也。(《史记·管晏列传》)

以上例句中，“及”与其连接的并列成分组成的短语“梁、淮阳、常山王及少帝”“《牧民》《山高》《乘马》《轻重》《九府》，及《晏子春秋》”作宾语。

5. 相同并列连词连用

并列连词“及”还可以连用，连接三项以上的成分。

㊾长信侯毐作乱而觉，矫王御玺及太后玺以发县卒及卫卒、

官骑、戎翟君公、舍人，将欲攻蕲年宫为乱。（《史记·秦始皇本纪》）

以上例句中，连用的两个"及"与其连接的成分组成的短语"王御玺及太后玺""县卒及卫卒、官骑、戎翟君公、舍人"作宾语，相同并列连词"及"的连用表示列举。

6. 不同并列连词连用

并列连词"及"可以与并列连词"与"连用。

㊿顺事父及后母与弟，日以笃谨，匪有解。（《史记·五帝本纪》）

并列连词"及""与"连用，连接三项成分"父""后母""弟"。不同的并列连词连用以区别不同的层级，此处用来区分辈分关系。

（四）并列连词"及"的来源

"及"最初的词性是动词，《说文·又部》："及，逮也，从又从人。"意为"及前人也"。

它后面可带宾语，构成"及 NP"结构。这种结构在殷商时期就已出现，如甲骨文中常见的"及方""弗及"等，也见于西周以后的文献中。

㉛有渰萋萋，兴雨祁祁。雨我公田，遂及我私。（《诗经·小雅·大田》）

㉜十一年春，楚子伐郑，及栎。（《左传·宣公十一年》）

㉝虽鞭之长，不及马腹。（《左传·宣公十五年》）

㉞岁及大梁，蔡复，楚凶，天之道也。（《左传·昭公十一年》）

㉟未及期，卫人来告乱。（《左传·隐公四年》）

动词"及"后的宾语 NP 可以是地点、时间等，这时"及"有

“到”的意思。

当它后面的NP为动作对象时，随着“及”所支配的语义对象的不同，它又有“追赶”“涉及”“比得上”等具体义。

⑯楚人为食，吴人及之，奔。(《左传·定公四年》)

⑰言及子赣，曰：“若在此，吾不及此夫！”(《左传·哀公二十七年》)

当“及NP”的结构复杂化，前后出现其他VP，形成连动结构时，“及”有可能语法化为介词。连动结构中“及”的位置有两种，一种是“及”在前的“及NP+VP”：

⑱昊天曰明，及尔出王；昊天曰旦，及尔游衍。(《诗经·大雅·板》)

⑲冬，遂及蔡侯次于厥貉，将以伐宋。(《左传·文公十年》)

另一种是“及”在后的“VP+及NP”：

⑳云不可使，得罪于天子；亦云可使，怨及朋友。(《诗经·小雅·雨无正》)

㉑爱其母，施及庄公。(《左传·隐公元年》)

㉒语及卫故。(《左传·哀公十二年》)

这两种结构中，“及”后面的NP不同。前一种结构中的“及”为伴随介词，它所引进的NP是“及”的伴随对象；后一种结构中的“及”为连带介词，引进的NP是VP的关涉连带对象。

这两种结构中的“及”都有可能语法化为并列连词，其语法化的条件是：当“及”前的NP1出现，形成“NP1+及+NP2”结构时，如果NP1和NP2在逻辑语义上具有某种共性的话，“NP1+及+NP2”可被视为一个整体，该结构中的“及”可被重新分析为并列连词。

首先发生并完成语法化的是后一种结构“VP+及NP”中

的“及”。

⑥③去其螟螣，及其蟊贼，无害我田稺。(《诗经·小雅·大田》)

上面例子中，由于“螟螣”和“蟊贼”都是动词“去”的动作对象，所以“去其螟螣＋及其蟊贼”结构可被重新分析为“去＋其螟螣及其蟊贼”，“其螟螣及其蟊贼”被看成是一个整体，“及”被重新分析为并列连词。也就是说，“及”所连接的并列 NP 作句子的宾语。这种用法的并列连词“及”是经“VP+ 及 NP”结构进一步语法化而来的，具体途径为：

VP+NP1+ 及 NP2 → VP+NP1+ 及 NP2

西周时期，前一种“及 NP+VP”结构中的“及”也开始向并列连词语法化，这种语法化过程首先从对称性 VP 开始。

⑥④兄及弟矣，式相好矣，无相犹矣。(《诗经·小雅·斯干》)

由于对称性 VP“相好”在语义上要求动作的双方 NP1“兄”和 NP2“弟”同时出现，所以“NP1+ 及 NP2+VP对称”具备了重新分析的可能性，“NP1+ 及 NP2”结构可被视为一个整体，“及”可被重新分析为并列连词。

NP1+ 及 NP2+VP对称 → NP1+ 及 NP2+VP对称

但实际上，西周时期这种用法的“及”还只是一个与对称性 NP 共现，处于伴随介词到并列连词过渡阶段的准并列连词，真正连接并列主语的并列连词是在春秋以后出现的。

三、暨

并列连词“暨”在西周与春秋时期的传世文献中，有连接两项体词性成分和连接多项体词性成分两种用法。

1. 连接两项体词性成分

并列连词"暨"在西周时期的传世文献《尚书》[1]中出现过连接两项并列的体词性成分的用法，它与连接的并列成分组成的短语在句中可作宾语、主语。

①猷告尔有方多士暨殷多士。(《尚书·多方》)

②以厥庶民暨厥臣达大家，以厥臣达王惟邦君，汝若恒。(《尚书·梓材》)

③太保暨芮伯咸进，相揖，皆再拜稽首。(《尚书·康王之诰》)

以上前两例中的"暨"与其连接的成分组成的短语"有方多士暨殷多士""厥庶民暨厥臣"作宾语，后一例中的"太保暨芮伯"作主语。

2. 连接多项体词性成分

并列连词"暨"在春秋时期的传世文献《左传》和《春秋》中也出现过"单用、连接多项体词性成分、居前"的用法。

④冬，母弟辰暨仲佗、石弧出奔陈。(《左传·定公十年》)

⑤宋公之弟辰暨仲佗、石弧出奔陈。(《春秋·定公十年》)

⑥十一年春，宋公母弟辰暨仲佗、石弧、公子地入于萧以叛。(《左传·定公十一年》)

"暨"所连接的多项并列成分"母弟辰""仲佗""石弧""公子地"作主语。这种用法的"暨"有异文"及"。

---

[1]《尚书》里不能确定为西周时期作品的篇目中也有并列连词"暨"的例子。尽管它们产生的时代不能确定是西周，但是因可供参考，所以列举如下：

垂拜稽首，让于殳斨暨伯与。(《尚书·尧典》)

帝曰：咨！汝羲暨和。(《尚书·尧典》)

禹拜稽首，让于稷、契暨皋陶。(《尚书·尧典》)

⑦十有一年春，宋公之弟辰及仲佗、石彄、公子地自陈入于萧以叛。(《春秋·定公十一年》)

⑧十一年春，宋公母弟辰暨石彄、公子地入于萧以叛。(《左传·定公十一年》)

《左传》中并列连词“暨”的例子都出现在《定公》篇目中，且在《春秋》经文中有异文“及”，说明“暨”在春秋战国时期的传世文献《左传》中不常用。《说文·旦部》：“暨，日颇见也。从旦，既声。”它的本义似乎与并列连词无关。根据上面的例⑦和例⑧，在先秦文献里“暨”存在异文“及”，推断“暨”与“及”是假借字的关系。

四、臮

“臮”出现在秦汉时期的并列连词系统中，《史记》中有一例，在《汉书·地理志》中重出。

①贡维土五色，羽畎夏狄，峄阳孤桐，泗滨浮磬，淮夷蠙珠臮鱼，其篚玄纤缟。(《史记·夏本纪》)

②贡土五色，羽畎夏狄，峄阳孤桐，泗濒浮磬，淮夷蠙珠臮鱼，厥棐玄纤缟。(《汉书·地理志》)

“臮”与其连接的并列成分“蠙珠臮鱼”作宾语。

《史记》中的这句，南朝宋裴骃在《史记集解》中说，“淮、夷二水，出蠙珠及美鱼”，说明在南北朝时期，并列连词“臮”不常用，而“及”仍在使用。此外，唐朝司马贞在《史记索隐》中说：“臮，古‘暨’字。臮，与也。言夷人所居淮水之处，有此蠙珠与鱼也。”说明“臮”是“暨”的另一种书写形式，是“暨”的汉字变体。同时，用并列连词“与”来解释“臮”，而不沿用《史记集解》中的以“及”释“臮”，说明唐朝时“及”作并列连词不如“与”

常用。

并列连词“暨”在两汉时期有连接两项体词性成分的用法,但使用不普遍。

五、“及”组并列连词的内部关系

从现有的调查来看,并列连词“眔、及、暨、洎”在连接功能上都有单用、连接两项并列体词性宾语的基本用法,其连接多项体词性成分和并列连词连用的用法,都可视为连接两项体词性成分用法的复杂化和连接功能扩展的结果。上古时期,四个词中用法最多、使用最普遍的是“及”,它们各自的时代分布如下:

表1:上古时期“及”组并列连词分布表

	语料	眔	及	暨	洎
殷商西周	甲骨文、金文、《诗经》、《尚书》等	+	+	+	
春秋战国	出土文献、《左传》等		+	+	
秦汉	秦简、《史记》等		+		+

并列连词“眔”在殷商和西周两个时期的出土文献甲骨文、金文中使用;“及”从西周一直到秦汉都在传世文献中使用,也在出土文献中使用;“暨”在西周到春秋时期的传世文献中使用;“洎”在秦汉时期的传世文献中使用。

“眔、及、暨”是殷商西周时期的并列连词,春秋战国时期“眔”退出,秦汉时期“暨”被“洎”取代。上古三个时期一直使用的汉语并列连词是“及”。为什么会出现这样的兴替呢?从前人的研究中,我们可以找到它们之间关系的一些线索。

对于“眔”和“及”的关系,《方言》卷三:“迨、遝,及也。东齐曰‘迨’,关之东西曰‘遝’,或曰‘及’。”这里的“遝”即“眔”。桂馥《说文解字义证》:“(眔)目相及也者,本书‘迨’‘遝’。”因为“东齐”的“迨”和“关之东西”的“遝(眔)”都用“及”来解释,所以推知“眔”是“及”的方言变体,“眔”是“关之东西”的方言,“及”是共同语。

对于“暨”与“及”,因《左传·定公十一年》“宋公母弟辰暨石彄、公子地入于萧以叛”一句中的“暨”,在《春秋》中有异文“及”,故推知“暨”是“及”的文字变体,“及”与“暨”之间是假借字关系。

至于“臮”,由裴骃《史记集解》所引用的孔安国的说法“淮、夷二水,出蠙珠及美鱼”,以及司马贞《史记索隐》中的“臮,古‘暨’字”,推知“臮”是“暨”的书写变体,“暨”与“臮”之间是古今字关系。

并列连词“眔、及、暨、臮”之间的关系是:“眔”是早在殷商时期的甲骨文中就出现在“关之东西”的方言;“及”是从西周一直使用到西汉的共同语;“暨”是西周春秋时期“及”的假借字;“臮”是秦汉时期使用的“暨”的古字。

第二节 “与”组：于、雩、越、与

上古汉语中，与“与”有关的并列连词有“于、雩、越”三个。本节先按时代对本组中各词的用法逐一进行描写并讨论其来源，之后说明其关系。

一、于

并列连词“于”在西周和春秋战国两个历史时期使用，在西周时期的出土文献和西周、春秋战国时期的传世文献中都出现过。下文先描写“于”在这两个时期的用法，然后讨论其来源。

（一）西周时期

并列连词“于”在西周时期的出土文献和传世文献中都出现过连接两项成分的用法。根据其所连接成分的句法特点，可分为连接体词性成分和连接谓词性成分两种用法。

1. 连接两项体词性成分

并列连词“于”连接体词性成分组成的短语，可作动词或介词的宾语。

① 封，予惟不可不监，告汝德之说于罚之行。[1]（《尚书·康诰》）

[1]译文：封啊，我们不可不看清，我要告诉你德行的说法和受罚的行为。

②杜伯乍宝盨，其用亯(享)孝于皇神且考于好倗友。[1]（《杜伯盨铭》）

前一例中，"于"与其连接的并列体词性成分"德之说""罚之行"组成的短语作动词"告"的宾语。后一例中，并列成分"皇神且考""好倗友"是动词"亯(享)孝"的对象，由介词"于"（前一个"于"）来引进，并列连词"于"与其连接的并列成分组成的短语作宾语。

2. 连接两项谓词性成分

并列连词"于"连接抽象的谓词性成分组成的短语，作动词的宾语。

③不克敬于和，则无我怨。（《尚书·多方》）

④民兴胥渐，泯泯棼棼，罔中于信，以覆诅盟。（《尚书·吕刑》）

⑤烈文辟公，绥以多福，俾缉熙于纯嘏。（《诗经·周颂·载见》）

⑥日就月将，学有缉熙于光明。（《诗经·周颂·敬之》）

上面例子中，并列连词"于"与其连接的并列成分组成的短语"敬于和""中于信""缉熙于纯嘏""缉熙于光明"作宾语。

从被调查的语料来看，并列连词"于"在西周时期连接两项成分的用法中，连接并列体词性成分的用法出现得比较多，在出土文献和传世文献中都有，而连接谓词性成分的用法多在传世文献中出现。

（二）春秋战国时期

在春秋战国时期的传世文献《左传》中，出现过"于"在对

[1]译文：杜伯自做此宝盨，用来祭奠死去的父祖与朋友的灵。

称性动词后连接两项体词性成分作宾语的例子。

⑦五月庚辰，见王，遂攻宾起，杀之，盟群王子于单氏。(《左传·昭公二十二年》)

⑧冬，齐侯使管夷吾平戎于王，使隰朋平戎于晋。(《左传·僖公十二年》)

⑨秋，晋侯平戎于王。(《左传·僖公十一年》)

上面例子中，并列连词“于”与其连接的成分组成的短语“群王子于单氏”作对称性动词“盟”的宾语，“戎于王”“戎于晋”作对称性动词“平”的宾语。在例⑧和例⑨中，“平戎于王”还出现了重出的情况。

这里的“于”之所以是并列连词，是因为“于”前后的成分在语义上具有一致性：都是指人，都是参与对称性动作的双方。从下面的例子还可以看出，“于”在当时有相当于“及”的用法。

⑩卫人平莒于我。十二月，盟于洮，修卫文公之好，且及莒平也。(《左传·僖公二十五年》)

前面的“平莒于我”与后面的“及莒平”内容一致，说明“于”在《左传》里与当时既作伴随介词又作并列连词的“及”在语义和语法上有相通之处，“于”既有介词的用法，也有并列连词的用法。在例⑩中，“于”为并列连词。

此外，“于”还有连接三项成分、居后的用法。

⑪齐人卒平宋、卫于郑。(《左传·隐公八年》)

这句中“于”连接的“宋”“卫”“郑”三项，均为参与动词“平”的各方，“于”与其连接的成分组成的短语作宾语。这里的“于”是并列连词，有别于表示地点的介词“于”。此句在《春秋》中作：

⑫秋七月庚午，宋公、齐侯、卫侯盟于瓦屋。(《春秋·隐公八年》)

"于瓦屋"表示的是地点,"于"是介词,不是并列连词。

此外,"于"还有异文,作"於"。

⑬元年春,晋侯使瑕嘉平戎於王。(《左传·成公元年》)

这里的"戎於王"作为一个整体,是动词"平"的宾语,"戎""王"是参与动作的双方,"於"为并列连词。与上文例⑨中的"平戎于王"同义。

(三)并列连词"于"的来源

《说文·亏部》:"于,於也。象气之舒亏。从丂从一。一者,其气平之也。"

"于"作动词有"往"义,其后可带宾语,构成"于NP"结构。这种用法在甲骨文中就已经出现了。

⑭壬寅卜,王于商。[1](《甲骨文合集》33124)

⑮癸卯卜,行贞:王步,自雇于嘉,亡灾?(《甲骨文合集》24347)

⑯丙戌卜,贞:令犬延于京。(《甲骨文合集》4630)

⑰丁未贞:王往,于田,无灾?(《甲骨文合集》557)

上面例句中的"商""嘉""京""田"都是动词"于"所要"往"的地点。当"于NP"前后出现其他VP时,"于"在连动结构中可语法化为介词。

⑱丁酉卜,其祷年于岳。(《甲骨文合集》27465)

⑲王使王叔陈生诉戎于晋,晋人执之。士鲂如京师,言王叔之贰于戎也。(《左传·襄公五年》)

上面例句中的"于岳""于晋"分别作前面的动词"祷"

[1]动词"于"在甲骨文中的例句转引自郭锡良(1998)。

"诉"的宾语。当动词为对称性动词时,连动结构中"于"前后的成分就可被重新分析,"于"语法化为并列连词。

$$\text{VP}_{\text{对称}}+\text{NP1}+\underline{\text{于 NP2}}\rightarrow\text{VP}_{\text{对称}}+\underline{\text{NP1}+\text{于}+\text{NP2}}$$

动词"于"虽然可以完成语法化,演变出并列连词的用法,但这种用法在后代并没有保存下来。其原因有待于进一步研究。

二、雩

并列连词"雩"在西周时期的出土文献中,有连接两项体词性成分的用法。

①唯殷边侯田雩殷正百辟率肆于酉,古丧师。(《大盂鼎铭》)

②余其用各我宗子雩百生。(《善鼎铭》)

③肆皇天亡斁,临保我有周雩四方。(《师询簋铭》)

上面例①中"雩"与其连接的成分组成的短语"殷边侯田雩殷正百辟"作后面的动词"率肆"的主语,例②和例③中的"宗子雩百生""我有周雩四方"分别作动词"用"和"保"的宾语。

《说文·雨部》:"雩,夏祭乐于赤帝以祈甘雨也。从雨,于(亏)声。"说明"雩"是一个形声字,是一种祈求降好雨的祭祀。

对于并列连词"雩"的来源,据陈永正(1986)研究,"雩"作并列连词的用法是假借"于"而来的。为了与介词"于"区别开来,古人借用"于"的同音字"雩"为连词。

西周时期并列连词"于"的使用比"雩"更广泛,"于"作为并列连词的用法在出土文献和传世文献中都有,而"雩"则仅见于出土文献。

三、越

“越”作并列连词见于西周传世文献《尚书》中。下文先描写并列连词“越”的用法，然后讨论其来源。

（一）并列连词“越”的用法

并列连词“越”的用法有：连接两项体词性成分、连接多项体词性成分，以及连接两项谓词性成分。

1．连接两项体词性成分

并列连词“越”连接体词性成分的例子在《尚书》中多次出现。

①王若曰：“猷！大诰尔多邦越尔御事。”（《尚书·大诰》）

②予不惠若兹多诰，予惟用闵于天越民。（《尚书·君奭》）

③王其效邦君越御事，厥命曷以？引养引恬。（《尚书·梓材》）

④我亦不敢宁于上帝命，弗永远念天威越我民。（《尚书·君奭》）

⑤予旦以多子越御事，笃前人成烈，答其师，作周孚先。（《尚书·洛诰》）

⑥肆哉，尔庶邦君越尔御事。（《尚书·大诰》）

以上前五例中的并列连词“越”与其连接的成分组成的短语“尔多邦越尔御事”“天越民”“邦君越御事”“天威越我民”“多子越御事”作宾语。例⑥中的“尔庶邦君越尔御事”作主语。

2．连接多项体词性成分

并列连词“越”还可连接三项或更多项体词性成分，居于前两项之间。

⑦厥诰毖庶邦庶士越少正、御事，朝夕曰："祀兹酒……"（《尚书·酒诰》）

⑧尔庶邦君越庶士、御事罔不反，曰……（《尚书·大诰》）

在例⑦中，并列连词"越"与其连接的成分组成的短语"庶士越少正、御事"作宾语；在例⑧中，"邦君越庶士、御事"作主语。

并列连词"越"连接三项体词性成分，还可以居于后两项之间。

⑨庶士、有正越庶伯君子，其尔典听朕教。（《尚书·酒诰》）

并列连词"越"与其连接的成分组成的短语"庶士、有正越庶伯君子"作后面的动词"听"的主语。

3. 连接两项谓词性成分

并列连词"越"连接谓词性成分的例子见于《尚书》。

⑩有大艰于西土，西土人亦不静越兹蠢。（《尚书·大诰》）

⑪爽邦由哲，亦惟十人迪知上帝命越天棐忱，尔时罔敢易法。（《尚书·大诰》）

⑫天降威，我民用大乱丧德，亦罔非酒惟行；越小大邦用丧，亦罔非酒惟辜。（《尚书·酒诰》）

以上例句中，并列连词"越"连接的"不静""兹蠢"、"知上帝命""天棐忱"、"非酒惟行""非酒惟辜"均为谓词性成分。当并列连词"越"连接谓词性成分时，其连接的成分兼表并列关系和递进关系，这表明并列连词"越"的连接功能向递进连词的方向扩展。

据钱宗武（2004）研究，《尚书》中并列连词"越"共出现21次，例子都出现在能确认为西周时期作品的篇目中，说明"越"是西周传世文献中比较重要的一个并列连词。

（二）并列连词“越”的来源

“越”的古字是“粤”，《汉书·异姓诸侯王表》“内锄雄俊，外攘胡粤”一句，颜师古注：“粤，古‘越’字。”

“粤”在《盂鼎铭》《毛公鼎铭》中作“雩”。林义光的《文源》：“‘粤’音本如‘于’，字作‘雩’；因音转如‘越’，故小篆别为一字，其形由‘雩’而变。”笔者检索到“粤”“雩”“越”的关系的记载，《史记·楚世家》的地名“杨粤”，《史记索隐》曰：“有本作‘杨雩’，音吁，地名也。今音越。谯周亦作‘杨越’。”张玉金（2004）认为：西周时期的“越”“雩”记录的是同一个连词，它们的区别在于文献分布的不同，传世文献中用“越”，出土文献中用“雩”。所以，从来源上看，虽然“雩”出现的时代早，“越”出现的时代晚，但并列连词“越”也可视为是假借“于”而来的。

四、与

并列连词“与”在春秋战国时期的传世文献《左传》《论语》《孟子》《韩非子》《庄子》，以及秦汉时期的传世文献《史记》中普遍使用。下文先描写“与”在这两个时期的用法，然后讨论其来源。

（一）春秋战国时期

“与”作并列连词在春秋战国时期有连接两项体词性成分、连接多项体词性成分、连接两项谓词性成分以及相同并列连词连用等用法。

1. 连接两项体词性成分

并列连词“与”所连接的体词性成分可分为具体和抽象两种，“与”与其连接的体词性成分组成的短语可作句子的宾语、主语。

①若使大子主曲沃，而重耳、夷吾主蒲与屈，则可以威民而惧戎，且旌君伐。(《左传·庄公二十八年》)

②子速纳邑与政。无邑无政，乃免于难。(《左传·襄公二十九年》)

③蔡侯如晋，以其子元与其大夫之子为质焉，而请伐楚。(《左传·定公三年》)

④晋人以垂棘之璧与屈产之乘，假道于虞以伐虢。(《孟子·万章上》)

⑤君其以垂棘之璧与屈产之乘，赂虞公，求假道焉，必假我道。(《韩非子·十过》)

以上是并列连词“与”连接具体的体词性成分的例子。前两例中，“与”与其连接的成分组成的短语“蒲与屈”“邑与政”分别作动词“主”或“纳”的宾语；后三例中，“与”与其连接的成分组成的短语“其子元与其大夫之子”“垂棘之璧与屈产之乘”作介词“以”的宾语。

“与”与其连接的成分组成的短语还可以作主语。

⑥曲沃，君之宗也。蒲与二屈，君之疆也。不可以无主。(《左传·庄公二十八年》)

⑦用之则行，舍之则藏，唯我与尔有是夫！(《论语·述而》)

⑧谷与鱼鳖不可胜食，材木不可胜用，是使民养生丧死无憾也。(《孟子·梁惠王上》)

以上例子中“与”与其连接的成分组成的短语“蒲与二屈”“我与尔”“谷与鱼鳖”作主语。

并列连词“与”可以连接抽象的体词性成分。

⑨夫子知度与礼矣。我实纵欲，而不能自克也。(《左传·昭公十年》)

⑩是以为君慎器与名，不可以假人。(《左传·昭公三十二年》)

⑪若背之，是弃力与言，其谁昵我？(《左传·襄公二年》)

⑫夫子之言性与天道，不可得而闻也。(《论语·公冶长》)

以上前三例中，“与”与其连接的成分组成的短语“度与礼”“器与名”“力与言”分别作动词“知”“慎”“弃”的宾语；后一例中的“性与天道”作兼语，是前面的动词“言”的宾语，又是后面的动词“不可得而闻”的主语。

2. 连接多项体词性成分

并列连词“与”在单用、连接三项体词性成分、居前时，与其连接的成分组成的短语有作主语、宾语两种用法。

⑬公与文姜、宗妇命之。(《左传·桓公六年》)

⑭对曰：“齐与晋、越欲此久矣。”(《左传·昭公七年》)

⑮晋与齐、楚辅之，是四雠也。(《左传·哀公八年》)

以上例子中，并列连词“与”与其连接的三项成分组成的短语“公与文姜、宗妇”“齐与晋、越”“晋与齐、楚”作主语。

⑯癸卯，取太子栾与母弟辰、公子地以为质。(《左传·昭公二十年》)

⑰舍胡、沈之囚，使奔许与蔡、顿，曰：“吾君死矣！”(《左传·昭公二十三年》)

以上例句中，并列连词“与”与其连接的三项成分组成的短语“太子栾与母弟辰、公子地”“许与蔡、顿”分别作动词“取”或“奔”的宾语。

并列连词“与”在单用、连接三项体词性成分、居后时，与其连接的成分组成的短语有作宾语、主语两种用法。

⑱ 吴子以罪人三千先犯胡、沈与陈，三国争之。（《左传·昭公二十三年》）

⑲ 对曰："若立君，则有卿士、大夫与守龟在，羁弗敢知。"（《左传·定公元年》）

前一例中，并列连词"与"与其连接的三项成分组成的短语"胡、沈与陈"作动词"犯"的宾语；后一例中，并列连词"与"与其连接的三项成分组成的短语"卿士、大夫与守龟"作兼语：作前面动词"有"的宾语，同时作后面动词"在"的主语。

⑳ 司马起丰、析与狄戎，以临上雒。（《左传·哀公四年》）

㉑ 唯西广、东宫与若敖之六卒实从之。（《左传·僖公二十八年》）

以上例子中，并列连词"与"与其连接的三项成分组成的短语"司马起丰、析与狄戎""西广、东宫与若敖之六卒"作主语。

此外，并列连词"与"还有单用、连接三项以上的体词性成分的用法。

㉒ 昔我先王熊绎与吕伋、王孙牟、燮父、禽父并事康王，四国皆有分，我独无有。（《左传·昭公十二年》）

㉓ 郑伯与孔将鉏、石甲父、侯宣多省视官、具于氾，而后听其私政，礼也。（《左传·僖公二十四年》）

以上例子中，并列连词"与"与其连接的成分组成的短语"熊绎与吕伋、王孙牟、燮父、禽父""郑伯与孔将鉏、石甲父、侯宣多"作主语。

3. 连接两项谓词性成分

当"与"连接两项谓词性成分时，所连接的成分之间，除了具有并列关系外，同时兼有"非此即彼"的"二选一"的正反选择关系。如《史记·淮阴侯列传》中的“仆闻之，百里奚居虞而虞亡，在秦而秦霸，非愚于虞而智于秦也，用与不用，听与不听也”。这里的“用与不用”“听与不听”，既是说话人所陈述的两种客观情况，又含有让听话人做出主观选择判断的语用功能。这里的“与”，可视为并列连词的连接功能在逻辑语义上的扩展：当连接成分复杂化，由体词性成分扩展到谓词性成分时，其逻辑语义关系由并列关系向选择关系扩展。这种用法的“与”，还以凝固词语“与否”的形式出现，如《史记·邹阳列传》：“谚曰：‘有白头如新，倾盖如故。’何则？知与不知也。”《史记集解》中解释说：“言内有以相知与否，不在新故也。”

4. 相同并列连词连用

《左传》《庄子》《论语》等传世文献中出现了并列连词“与”连用的例子。

㉔ 公鸟死，季公亥与公思展与公鸟之臣申夜姑相其室。（《左传·昭公二十五年》）

㉕ 然则我与若与人俱不能相知也，而待彼也邪？（《庄子·齐物论》）

㉖ 子罕言利与命与仁。（《论语·子罕》）

㉗ 故解之以牛之白颡者与豚之亢鼻者，与人有痔病者不可以适河。（《庄子·人世间》）

例㉔中连用的“与”与其连接的成分组成的短语“季公亥与公思展与公鸟之臣申夜姑”作主语，表示列举从事“相其室”活动的三类人；后三例中“与”与其连接的成分组成的短语“我与若与人”“利与命与仁”“牛之白颡者与豚之亢鼻者，与人有痔病者”，分别列举各句中所陈述的三种情况。

（二）秦汉时期

并列连词"与"在秦汉时期的传世文献《史记》中继续使用。

1. 连接两项体词性成分

并列连词"与"单用时，与其连接的体词性成分组成的短语在句中作主语、宾语。

㉘舜既入深，瞽叟与象共下土实井。（《史记·五帝本纪》）

㉙昔高后成汤与尔之先祖俱定天下，法则可修。（《史记·殷本纪》）

㉚西戎犬戎与申侯伐周，杀幽王郦山下。（《史记·秦本纪》）

以上例句中，并列连词"与"与其连接的成分组成的短语"瞽叟与象""高后成汤与尔之先祖""西戎犬戎与申侯"作主语。

㉛已复攻，欲得地与民。（《史记·周本纪》）

㉜五年，晋献公灭虞、虢，虏虞君与其大夫百里傒，以璧马赂于虞故也。（《史记·秦本纪》）

以上例句中，并列连词"与"与其连接的成分组成的短语"地与民""虞君与其大夫百里傒"分别作动词"得"或"虏"的宾语。

2. 连接多项体词性成分

并列连词"与"单用、连接三项体词性成分、居前时，与其连接的成分组成的短语可作主语、宾语。

㉝二十三年，尉斯离与三晋、燕伐齐，破之济西。（《史记·秦本纪》）

㉞周武王崩，武庚与管叔、蔡叔作乱，成王命周公诛之，而立微子于宋，以续殷后焉。（《史记·殷本纪》）

以上例句中，并列连词“与”与其连接的三项并列成分组成的短语“尉斯离与三晋、燕”“武庚与管叔、蔡叔”作主语。

㉟禹拜稽首，让于稷、契与皋陶。（《史记·五帝本纪》）

以上例句中，并列连词“与”与其连接的三项并列成分组成的短语“稷、契与皋陶”作“于”的宾语。

此外，并列连词“与”还有单用、连接三项以上并列成分、居前的用法。

㊱庶长壮与大臣、诸侯、公子为逆，皆诛，及惠文后皆不得良死。（《史记·秦本纪》）

以上例句中，“与”与其连接的四项成分组成的短语“庶长壮与大臣、诸侯、公子”作主语。

3．相同并列连词连用

并列连词“与”在《史记》中还出现了连用的情况。

㊲夏帝卜杀之与去之与止之，莫吉。（《史记·周本纪》）

连用的“与”连接谓词性成分“杀之”“去之”“止之”，表示被连接的三种情况的列举。

4．不同并列连词连用

并列连词“与”还有和其他并列连词连用的情况。

㊳顺事父及后母与弟，日以笃谨，匪有解。（《史记·五帝本纪》）

在上面的例子中，“与”与其连接的成分组成的短语“后母与弟”属于下一个层级，其上的层级是“及”与其连接的成分组成的短语“父及后母与弟”。层级关系如下：

Ⅰ　顺事父及后母与弟，日以笃谨……

Ⅱ　顺事父及后母与弟，日以笃谨……

并列连词“与”在春秋战国时期和秦汉时期的使用情况为：春秋战国时期使用比较活跃，表现为用法多，用例多；秦汉时期，除了沿用春秋战国时期的用法外，还出现了与并列连词“及”连用的情况。虽然不同并列连词连用的例子不多，但它是“与”的连接成分复杂化、连接功能扩展的表现。

（三）并列连词“与”的来源

《说文·勺部》：“与，赐予也。一勺为与。”这个意义的“与”在文献中有很多例子。

㊴王巡虢守，虢公为王宫于玤，王与之酒泉。（《左传·庄公二十一年》）

㊵欲与大叔，臣请事之；若弗与，则请除之，无生民心。（《左传·隐公元年》）

㊶可以取，可以无取，取伤廉；可以与，可以无与，与伤惠；可以死，可以无死，死伤勇。（《孟子·离娄下》）

动词“与”后面可带宾语，形成“与NP”结构，但是这种结构中的“与”表示的是施事单方面的动作，不是并列连词“与”的来源。

对于并列连词“与”的来源，有两种观点：一种是“假借说”，《古汉语虚词词典》认为“与”是假借字，可用作连词、介词和副词；另一种是“引申并语法化说”，吴福祥（2003）认为“与”的语法化路径与“及”是一样的，是经“伴随动词 → 伴随介词 → 并列连词”的语法化路径演变而来的。从语料调查看，并列连词“及”的语法化线路是比较清晰的，《左传》中有很多反映其语法化过程的中间阶段，以及可与对称性动词“平”“盟”共现的“NP1 及 NP2”的例子。但“与”的这种演变线路则不清晰，未发现能反映其语法化过程的中间阶段，以及与对称性动词“平”“盟”共现的“NP1 与 NP2”例句，《左传》中没有材料证明“与”从动词到介词然后到并列连词的演变过程。所以，“假借说”更有说服力。从汉语并列连词系统自西周到春秋战国时期的历史发展看，并列连词“与”是对西周时期并列连词“于”的假借（赵诚，1996）：西周时期金文中的“于”有作动词、介词、连词、助词、名词等功能，其中动词“于”有“往”“参与”“给予”“为”等七种意义或用法，介词“于”有介绍行为发生和经历的时间、处所，行为所及的对象、范围、由来等二十一类用法。“于”的功能过分集中和灵活，才导致了它的功能的分化：假借“与”来表示它的并列连词等用法，而“于”专门用来引进动作的地点或时间等。

五、“与”组并列连词的内部关系

从现有的调查来看，上古汉语中“与”组并列连词“于、雩、越、与”的分布如下：

表 2：上古时期“与”组并列连词分布表

	西周	春秋战国	秦汉
出土文献	于、雩		
传世文献	于、越	于、与	与

上古时期“与”组并列连词的分布是：（1）“于”在西周出土文献和传世文献中都有使用，同时还在春秋战国时期的传世文献中使用。（2）“雩”和“越”呈互补分布：“雩”见于出土文献，“越”见于传世文献。（3）从春秋时期开始一直到秦汉时期，“与”成为在传世文献中普遍使用的并列连词。它们之间的关系如下图所示：

上古时期“与”组并列连词“于、雩、越、与”之间的关系是：西周时期并列连词“于”在出土文献中有同音字变体“雩”，在传世文献中有古今字变体“越”；到了春秋战国时期，“于”被假借变体“与”取代，后“与”又成为秦汉时期广为使用的并列连词。

第三节　新的萌芽：并、及与

对于秦汉时期新出现的并列连词"并"和"及与"，由于从《史记》中所调查出来的例句有限，为了便于对照，本节将属于中古早期的《汉书》中的例子一并列出。下文先描写其用法，然后讨论其来源。

一、并

作为上古后期新出现的并列连词，"并"的使用尚不普遍，但来源仍可追溯。

（一）并列连词"并"的用法

秦汉时期，并列连词"并"有连接两项体词性成分的用法。

①天子从昆仑道入，始拜明堂如郊礼。礼毕，燎堂下。而上又上泰山，有秘祠其颠。而泰山下祠五帝，各如其方，黄帝并赤帝，而有司侍祠焉。泰山上举火，下悉应之。（《史记·孝武本纪》）

②而泰山下祠五帝，各如其方，黄帝并赤帝，而有司侍祠焉。（《史记·封禅书》）

以上《史记》里重出的例句中，"并"与其前后成分所组成的"黄帝并赤帝"结构，在句法上符合并列连词连接功能的要求。而下面《汉书》中的例子，则提供了此句中的"并"为并列连词的证据。

③天子从昆仑道入，始拜明堂如郊礼。毕，尞堂下。而上又上泰山，自有秘祠其颠。而泰山下祠五帝，各如其方，黄帝并

赤帝所，有司侍祠焉。山上举火，下悉应之。（《汉书·郊祀志》）

例③中的“所”字说明“黄帝并赤帝”为一个整体的处所，以此判断“并”是并列连词。此外，在《汉书·郊祀志》“兆五帝于四郊”一句颜师古的注释中，用“及”来解释“并”：

④五帝于四郊，谓青帝于东郊，赤帝及黄帝于南郊，白帝于西郊，黑帝于北郊也。各因其方，谓顺其所在也。（《汉书·郊祀志》颜师古注）

这里的并列连词“及”作为外部旁证，可说明“黄帝并赤帝所”中的“并”是并列连词。

尽管互相印证的文献中所提供的证据，能说明“并”是并列连词，但用例很少，说明在这一时期，并列连词“并”的用法还处于萌芽阶段。其大量使用是在中古时期。

（二）并列连词“并”的来源

《说文·从部》：“并，相从也。从从，幵声。一曰从持二为并。”“并”是动词，带宾语，形成“并 NP”结构。

⑤左并辔，右援枹而鼓。（《左传·成公二年》）

⑥平王之时，周室衰微，诸侯强并弱，齐、楚、秦、晋始大，政由方伯。（《史记·周本纪》）

⑦秦并海内，兼诸侯，南面称帝，以养四海，天下之士斐然乡风，若是者何也？（《史记·秦始皇本纪》）

以上例句中的“辔”“弱”“海内”都是动词“并”的宾语。当“并 NP”前后出现其他 VP，且连动结构中的“并 NP”结构前面出现 NP，形成“VP+NP1+ 并 NP2”或“NP1+ 并 NP2+VP”结构时，“并”有可能语法化为并列连词。即当该结构中的“NP1+ 并 NP2”被视为一个整体时，“并”可以被重新分析为并列连词，如例③“黄帝并赤帝所，有司侍祠焉”中的“并”。即：

VP+NP1+并NP2 → VP+NP1并NP2

或

NP1+并NP2+VP → NP1并NP2+VP

二、及与

与前面的单音节并列连词不同，“及与”是双音节并列连词，始见于西汉时期的《史记》。

①元王大悦而喜。于是元王向日而谢，再拜而受。择日斋戒，甲乙最良。乃刑白雉及与骊羊；以血灌龟，于坛中央。（《史记·龟策列传》）

②会博望侯军救至，李将军得脱。汉失亡数千人，合骑侯后骠骑将军期，及与博望侯皆当死，赎为庶人。（《史记·匈奴列传》）

③乃分缗钱诸官，而水衡、少府、大农、太仆各置农官，往往即郡县比没入田田之。其没入奴婢，分诸苑养狗马禽兽，及与诸官。诸官益杂置多，徒奴婢众，而下河漕度四百万石，及官自籴乃足。（《史记·平准书》）

“及与”在例①中与其连接的成分组成的短语“白雉及与骊羊”作前面的动词“刑”的宾语，在例②中与其连接的成分组成的短语“合骑侯骠骑将军期及与博望侯”作后面的动词“当死”的主语，在例③中与其连接的成分组成的短语“诸苑养狗马禽兽及与诸官”是动词“分（诸）”后的去向。此外，《汉书》中也出现过并列连词“及与”的用例。

④其没入奴婢，分诸苑养狗马禽兽，及与诸官。官益杂置多，徒奴婢众，而下河漕度四百万石，及官自籴乃足。（《汉书·食货志》）

⑤是时，治巫蛊狱急，内者令郭穰告丞相夫人以丞相数有谴，使巫祠社，祝诅主上，有恶言，及与贰师共祷祠，欲令昌邑王为帝。有司奏请案验，罪至大逆不道。（《汉书·刘屈氂传》）

⑥太岁在子，已得太初本星度新正。姓等奏不能为算，愿募治历者，更造密度，各自增减，以造汉太初历。乃选治历邓平及长乐司马可、酒泉候宜君、侍郎尊及与民间治历者，凡二十余人，方士唐都、巴郡落下闳与焉。（《汉书·律历志》）

例④是《史记》中的句子在《汉书》中的重出；例⑤中"及与"所连接的"使巫祠社""祝诅主上""有恶言"和"贰师共祷祠"等罪状是前面的动词"告"的宾语。例⑥中"及与"所连接的"治历邓平及长乐司马可""酒泉候宜君""侍郎尊""民间治历者"等都是前面的动词"选"的对象，作宾语。

汉代是汉语词汇双音化的重要时期，《史记》中有很多"同义连文"形成的双音节词，如"宾客""安宁""假使"等，[1]并列连词"及与"可能是由当时普遍使用的并列连词"及"和"与"同义连文而成的。

---

[1]赵华：《从〈史记〉看"同义连文"》，《东方论坛》2009年第1期。

第四节　上古时期汉语并列连词系统的特点：语法化与假借

上古时期的汉语并列连词系统中共有“眔、及、暨、臮、于、雩、越、与、并、及与”十个并列连词。上古早期的商周时期有“眔、及、于、雩、越”五个并列连词，上古中期的春秋战国时期有“及、暨、与”三个并列连词，上古后期的秦汉时期有“及、暨、臮、与、并、及与”六个并列连词。

表 3：上古时期汉语并列连词分布表

	殷商西周	春秋战国	秦汉
“及”组	眔、及、暨	及、暨	及、臮
“于”组	于、雩、越	于、与	与
并、及与			并、及与

从历史上看，“及”“与”是上古时期使用时间较长的两个常用的主要并列连词，是从西周时期一直沿用下来的上古汉语中的并列连词；“眔、于、雩、越”是上古早期使用的并列连词，到后来没有沿用下来是由于方言、假借替代等原因；“并、及与”是汉朝开始出现的并列连词。

从被连接成分的数量上看，上古时期汉语并列连词的功能有连接两项并列成分和连接多项并列成分两类。所连接的两项并列成分组成的短语在单句中可作主语、宾语，被连接的成分以体词性成分为主，也有谓词性成分，但所连接的谓词性成分组成的短语不独立成句，而是作为一个共同的整体在句中充当主语或宾语。当并列连词连接两项以上的成分时，可分为单用和连用两种情况：单用时并列连词的位置可前可后；连用时可以是同一个并列连词的连用,也可以是不同并列连词的连用。对于连用的情况,同一个并列连词的连用表示被连接成分的列举,不同并列连词的连用具有分类划分层次的功能。

上古时期常用的汉语并列连词主要可分为两组:“及”组和“与”组。下面主要从被连接成分的语义特点和逻辑语义关系两个角度,考察这两组之间的区别。

从被连接成分的语义特点上看,并列连词“及”和“与”的不同在于:单用的“及”多连接具体性成分,单用的“与”多连接抽象性成分。

①今兹周王及楚子皆将死。(《左传·襄公二十八年》)

②夜获之及栾共叔。(《左传·桓公三年》)

以上例句中,“及”所连接的成分“周王”和“楚子”、“之”和“栾共叔”都是具体的人。

③夫子知度与礼矣。我实纵欲,而不能自克也。(《左传·昭公十年》)

④是以为君慎器与名,不可以假人。(《左传·昭公三十二年》)

⑤君以礼与信属诸侯,而以奸终之,无乃不可乎?(《左传·僖公七年》)

⑥若背之,是弃力与言,其谁昵我?(《左传·襄公二年》)

⑦子贡曰:“夫子之文章,可得而闻也;夫子之言性与天道,不可得而闻也。”(《论语·公冶长》)

以上例句中,“度”和“礼”、“器”和“名”、“礼”和“信”、“力”和“言”、“性”和“天道”都是抽象名词,连接这些成分的并列连词一般不用“及”而用“与”。

从来源上看,上古汉语并列连词的产生途径有语法化和假借两种。其中经动词语法化而来的并列连词有“罘、及、于、并”,而“暨、臮、雩、越、与”则是假借变体,或同音字、古今字的变体。

第三章　中古时期的汉语并列连词

研究中古汉语并列连词的语料也有两类：一类是碑文、敦煌变文等出土文献，一类是《汉书》等传世文献。中古时期大致可分为东汉、魏晋南北朝、隋唐三个时段，前两个时段的语料以传世文献为主，后一时段的语料以出土文献为主。各时段所使用的语料如下：东汉、魏晋南北朝时期有《汉书》《三国志》《全汉三国晋南北朝诗》《魏书》《宋书》《南齐书》《颜氏家训》等语料，隋唐时期有《全唐诗》等传世文献，以及唐朝景教的出土文献《大秦景教流行中国碑颂并序》《序听迷诗所经》《大秦景教宣元本经》和《志玄安乐经》等语料。

本章旨在对中古汉语并列连词系统进行分类描写和总结，分四节：首先对上古汉语并列连词在中古的使用情况进行追踪，之后从单音节和双音节两个角度描写中古时期新出现的并列连词，最后对中古汉语并列连词系统进行总结。

第一节　沿用与扩展：及、暨、与、并

上古汉语后期沿用下来的并列连词主要有“及、暨、与、并”等，其中最常用的是“及”“与”和“并”，“暨”不常用。下文分别考察这些并列连词在中古时期的使用情况。

一、及

上古汉语中的并列连词“及”到了中古时期，除了沿用句内连接的用法外，还扩展出了句际连接的新功能。下文从沿用和功能扩展两个角度进行追踪。

（一）沿用

上古汉语并列连词“及”单用和连用的各种用法，在中古时期大部分都在沿用。

1. 连接两项体词性成分

中古汉语并列连词“及”与其连接的成分组成的短语作宾语、主语、兼语、同位语等。

①卓遂杀太后及弘农王。（《三国志·魏志·武帝纪》）

②二年，葬文帝及皇后封氏。（《魏书·序纪》）

③案西域图记及汉魏史策，大秦国南统珊瑚之海，北极众宝之山，西望仙境花林，东接长风弱水，其土出火绕布、返魂香、明月珠、夜光璧。俗无寇盗，人有乐康。（《大秦景教流行中国碑颂并序》）

④弥施诃又告岑稳僧伽及诸大众，曰……（《志玄安乐经》）

⑤初时是弥师诃弟伏圣在于硖中居住，生生已来不吃酒肉，唯食生菜及蜜蜜于地上。（《序听迷诗所经》）

以上“及”与其连接的并列成分组成的短语“太后及弘农王”“文帝及皇后封氏”“西域图记及汉魏史策”“岑稳僧伽及诸大众”“生菜及蜜蜜”分别作动词“杀”“葬”“案”“告”“食”的宾语。

⑥二月，太祖进军讨破之，斩辟、邵等，仪及其众皆降。

(《三国志·魏志·武帝纪》)

⑦俄而左右及中军将士,稍稍来集。(《魏书·太祖纪》)

⑧诸佛及非人平章天阿罗汉,谁见天尊在于众生?(《序听迷诗所经》)

以上“及”与其连接的并列成分组成的短语“仪及其众”“左右及中军将士”“诸佛及非人平章天阿罗汉”在句中作主语。

⑨封鲁及五子皆为列侯。(《三国志·魏志·武帝纪》)

⑩太祖征伐,常令范及邴原留,与世子居守。(《三国志·魏志·张范传》)

⑪有人于此经文闻说,欢喜亲近,供养读诵、受持,当知其人及祖乃父,非一代二代,与善结缘,必于过去,积代善根。(《志玄安乐经》)

以上“及”与其连接的并列成分组成的短语“鲁及五子”“范及邴原”“其人及祖乃父”在句中作兼语。

2. 连接多项体词性成分

中古汉语并列连词“及”可以单用、连接三项并列成分、居前。

⑫辽东单于速仆丸及辽西、北平诸豪,弃其种人,与尚、熙奔辽东,众尚有数千骑。(《三国志·魏志·武帝纪》)

“及”与其连接的三项并列成分组成的短语“辽东单于速仆丸及辽西、北平诸豪”在句中作主语。

中古汉语并列连词“及”还可以单用、连接三项并列成分、居后。

⑬康即斩尚、熙及速仆丸等。(《三国志·魏志·武帝纪》)

“及”与其连接的三项并列成分组成的短语“尚、熙及速仆丸”在句中作动词“斩”的宾语。

中古汉语并列连词“及”还可以连接多项并列成分。

⑭闰月，左丞相、骠骑大将军、卫王仪及诸王公卿士，诣阙上书。(《魏书·太祖纪》)

⑮应乐咸通，七方云集。有诸明净士、一切神天等妙法王、无量觉众，及三百六十五种异见中民。(《大秦景教宣元本经》)

并列连词“及”在例⑭中与其连接的四项并列成分组成的短语“左丞相、骠骑大将军、卫王仪及诸王公卿士”作主语，在例⑮中与其连接的四项并列成分组成的短语“诸明净士、一切神天等妙法王、无量觉众，及三百六十五种异见中民”作动词“有”的宾语。

（二）功能扩展

中古时期，并列连词“及”的功能扩展主要表现为连接功能由连接两个句内成分的句内连词功能，向连接两个小句的句际连词功能扩展，其用法主要有三种：(1)连接两项或两项以上谓词性成分；(2)与“亦”“皆”搭配使用，形成“及……亦/皆……”关联结构；(3)连接两个分句，表递进关系。此外，还出现了与“并”的连用。

1. 连接两项或两项以上谓词性成分

中古时期，“及”出现了很多连接两项并列的谓词性成分的用法。

⑯可自今以后，御幸式乾殿及游豫后园，皆大臣侍从。(《三国志·魏志·三少帝纪》)

⑰人常作恶，及教他人恶，此人不受天尊教。(《序听迷诗所经》)

例⑯中“及”所连接的两项谓词性成分为“御幸式乾殿”和“游豫后园”,例⑰中“及”所连接的两项谓词性成分为“人常作恶”和“教他人恶”。

中古时期,“及”还出现了连接多项谓词性成分的用法。

⑱所有作恶人不过向善道者,不信天尊教者及不洁净贪利之人,今世并不放却。(《序听迷诗所经》)

⑲其不孝父母,不顺尊长,为吏奸暴,及为盗贼,各具以名上。(《魏书·高宗纪》)

例⑱中“及”所连接的三项谓词性成分是“不过向善道者”“不信天尊教者”和“不洁净贪利之人”,例⑲中“及”所连接的四项谓词性成分是“不孝父母”“不顺尊长”“为吏奸暴”“为盗贼”。

这种用法是“及”的连接成分在结构与数量上的复杂化。因为“及”所连接的成分还不是独立的小句,故将这种情况视为“及”的连接功能由句内向句际扩展的过渡阶段。

2.“及……亦/皆……”关联结构

“及”作句际连词与“亦”“皆”关联使用,形成“及……亦/皆……”关联结构。

⑳受诏察公举错,有过当奏,及有善,亦宜以闻,不可匿其美也。(《三国志·魏志·中山恭王传》)

㉑荆州牧刘表连辟,及举茂才,皆不就。(《三国志·蜀志·刘巴传》)

㉒越州余姚县有历山舜井,濮州雷泽县有历山舜井,二所又有姚墟,云生舜处也。及妫州历山舜井,皆云舜所耕处,未详也。(《史记·五帝本纪》裴骃《集解》)

㉓汉书孝武帝二年,御史大夫赵绾坐请无奏事太皇太后,及郎中令王臧皆下狱,自杀。(《史记·孝武本纪》张守节《正义》)

㉔言万物受神妙之气，不能知觉，及神去来，亦不能识其往复也。(《史记·律书》张守节《正义》)

㉕按：古历者，谓黄帝调历以前有上元太初历等，皆以建寅为正，谓之孟春也。及颛顼、夏禹亦以建寅为正。(《史记·历书》司马贞《索隐》)

例⑳是"及……亦……"关联结构，所关联的两项谓词性成分"有过当奏"和"有善"之间具有连带关系，即"有过当奏"会连带"有善"也出现"宜以闻"的结果。例㉑是"及……皆……"关联结构，所关联的谓词性成分"连辟"和"举茂才"之间也具有连带关系，即"连辟"连带"举茂才"的结果都是"不就"。值得注意的是，在《史记》的《集解》《正义》和《索隐》中，有很多这种关联结构，如上面的后四例中所关联的"云舜所耕处""下狱，自杀""不能识其往复也""以建寅为正"等结果。这说明这种用法在中古时期广泛出现。

这种用法是"及"在句内所连接的成分复杂化为谓词性成分后，"及"的连接功能从句内向句际扩展的结果。因为结构中必须有"亦/皆"这种句内副词标记，所以"及"的谓词性连接功能是不自由的。

3. 连接两个分句

中古时期，"及"出现连接两个分句的用法。

㉖悉椎破铜人、钟虡，及坏五铢钱。更铸为小钱，大五分，无文章，肉好无轮郭，不磨鑢。(《三国志·魏志·董卓传》)

㉗晏等专政，共分割洛阳、野王典农部桑田数百顷，及坏汤沐地以为产业，承势窃取官物，因缘求欲州郡。(《三国志·魏志·曹爽传》)

㉘轻罪则鼻刖若髡，或剪半鬓，及系牌于项，以为耻辱。(《魏书·西域传》)

㉙ 封，谓益其土及画疆界。(《史记·周本纪》张守节《正义》)

㉚ 若历阴星、阳星之南北太阴、太阳之道，即有大水若兵，及大旱若丧也。(《史记·天官书》司马贞《索隐》)

以上“及”所连接的成分都可独立成句，被连接的两个分句为“椎破铜人、钟虡”与“坏五铢钱”，“共分割洛阳、野王典农部桑田数百顷”与“坏汤沐地以为产业”，“鼻刖若髡，或剪半鬓”与“系牌于项”，“益其土”与“画疆界”，“大水若兵”与“大旱若丧”，都是同一主题下的两种情况或结果。

这种用法可视为“及”的连接功能从句内向句际扩展的完成，因为“及”是自由的，可以连接独立的小句，不再需要与其他语言成分搭配，可以独立完成连接功能，发展出复句连接的功能。这种用法的“及”，因其所连接的前后分句之间在逻辑语义上具有递进关系，后面的内容在逻辑上比前面的内容更进一步，所以“及”可视为表递进关系的递进连词。这是并列连词的连接功能在完成了由句内向句际的扩展以后，其性质由并列连词向递进连词所发生的演变。

二、暨

上古汉语中的并列连词“暨”到了中古时期，除了沿用句内连接的用法外，还扩展出了句际连接的新功能。下文从沿用和功能扩展两个角度进行追踪。

(一)沿用

南北朝时期的文献中，“暨”沿用句内并列连词的用法。

①天降丧乱,靡国不夷。我暨我友,自彼京师。宗守荡失,越用遁违。(王粲《赠士孙文始》)

②伊昔昆弟,敦好闾里。我暨我友,均尚同耻。(谢灵运《答中书诗》)

③臣窃惟景明之初暨永平之末,内外群官三经考课。逮延昌之始,方加黜陟。(《魏书·任城王传》)

④吐谷浑遂徙上陇,止于枹罕暨甘松,南界昂城、龙涸,从洮水西南极白兰数千里中,逐水草,庐帐而居,以肉酪为粮。(《魏书·吐谷浑传》)

并列连词“暨”与其连接的体词性成分组成的短语“我暨我友”“景明之初暨永平之末”“枹罕暨甘松”在句中分别充当主语、时间状语和地点状语。

(二)功能扩展

南北朝时期,“暨”出现了与“亦”构成的关联形式。

⑤属运道之将季,谅冠屦之无碍。奄升御于鼎湖,忽流哀于四海。昔汉命之中微,皇统于是三绝。暨孝昌之陵陂,亦继□而祸结。(《魏书·李平传》)

“暨……亦……”的关联结构与上文“及……亦……”的结构类似,是“暨”的连接功能由句内向句际扩展的结果,其所连接的成分“汉命之中微,皇统于是三绝”与“孝昌之陵陂”之间具有连带关系,表示后者与前者一样,也出现了“继□而祸结”的结果。

三、与

中古时期，汉语并列连词“与”的使用主要有连接两项或两项以上体词性成分、连接两项谓词性成分以及与其他并列连词连用三种形式。

1. 连接两项或多项体词性成分

“与”与其连接的并列体词性成分组成的短语在句中可作主语、宾语等。

①夏四月，司徒王允与吕布共杀卓。(《三国志·魏志·武帝纪》)

②众军利涉，出其不意，卫辰与宗族西走，收其部落而还。(《魏书·序纪》)

以上例子中，“与”与其连接的体词性成分组成的短语“司徒王允与吕布”“卫辰与宗族”作主语。

③定基之本，在地与人，宜稍建立，以自藩卫。(《三国志·魏志·董昭传》)

④太祖谓荀彧曰：“关西诸将，恃险与马，征必为乱。”(《三国志·魏志·杜畿传》)

⑤生后与北平公夙。(《魏书·孝文后传》)

以上例子中，“与”与其连接的体词性成分“地与人”“险与马”“后与北平公夙”分别作动词“在”“恃”“生”的宾语。

此外，“与”还可以连接多项体词性成分，如《魏书·高祖纪》中的“冬十月戊寅朔，幸金墉城。诏征司空穆亮与尚书李冲、将作大匠董爵经始洛京”。“与”连接了“司空穆亮”“尚书李冲”“将作大匠董爵”三位有官职的人物。

2. 连接两项谓词性成分

“与”与其连接的谓词性成分组成的短语在句中可作宾语、

主语。

⑥翻厉声曰:“失忠与信,何以事君?倾人二城,而称将军,可乎?”(《三国志·吴志·虞翻传》)

⑦朕用殷忧夕惕,忘食与寝。(《魏书·高祖纪》)

⑧天下之人,知与不知,孰不为之痛心愤怨者哉!(《宋书·谢晦传》)

以上前两例中,“与”与其连接的谓词性成分组成的短语“忠与信”“食与寝”分别作动词“失”“忘”的宾语;后一例中,“与”与其连接的谓词性成分组成的短语“知与不知”作“天下之人”的同位主语。

3. 与其他并列连词连用

中古时期,有并列连词“与”和“及”连用的用法。

⑨婚有日矣,公主密与侍婢及家僮十余人,乘轻车,冒霖雨,赴悬瓠奉谒高祖,自陈本意,因言后与菩萨乱状。(《魏书·孝文后传》)

例⑨中“与”和“及”连用,在句子的层级结构中,“及”所连接的成分属于随从人员,在身份上的层级比“与”前的成分“公主密”低。

四、并

上古汉语中萌芽的并列连词“并”到了中古时期,除了沿用句内连接的功能外,还扩展出了句际连接的新功能。下文从沿用和功能扩展两个角度进行追踪。

（一）沿用

上古后期产生的并列连词“并”连接两项体词性成分的用法，在中古时期普遍出现。“并”与其连接的成分组成的短语在句中可作宾语、主语。

①先主径至关中，质诸将并士卒妻子，引兵与忠、膺等进到涪，据其城。（《三国志·蜀志·先主传》）

②璋复遣别驾从事蜀郡张肃送叟兵三百人并杂御物于曹公，曹公拜肃为广汉太守。（《三国志·蜀志·刘璋传》）

③土宜五谷并桑麻，山多美玉，有好马、驼、骡。（《魏书·西域传》）

④仪曹尚书游明根升庙跽慰，复位哭，遂出。引太守外臣及诸部渠帅入哭，次引萧赜使并杂客入。（《魏书·礼志》）

⑤第九愿者，有好妻子并好金屋，作文证加祺他人。（《序听迷诗所经》）

⑥人合怕天尊，每日谏误，一切众生皆各怕天尊并绾摄。（《序听迷诗所经》）

⑦有若僧首罗含大德及烈，并金方贵绪物外高僧，共振玄纲。（《大秦景教流行中国碑颂并序》）

以上前六例中的并列连词“并”与其连接的两项体词性成分组成的短语“诸将并士卒妻子”“叟兵三百人并杂御物”“五谷并桑麻”“萧赜使并杂客入”“好妻子并好金屋”“天尊并绾摄”作宾语，最后一例中“并”与其连接的两项体词性成分组成的短语“僧首罗含大德及烈，并金方贵绪物外高僧”作“共振玄纲”的主语。

（二）功能扩展

中古汉语中并列连词“并”的功能扩展表现在连接数量和连接成分两方面。从连接数量上看，出现了连接多项体词性成分、与其他并列连词连用两种形式；从连接成分上看，一是出现了由句内向句际扩展的“并……亦/皆……”关联结构，二是出现了连接两项谓词性成分的用法。

1．连接多项体词性成分

⑧文帝即王位，诛丁仪、丁廙并其男口。（《三国志·魏志·陈思王植传》）

⑨蒙使人诱普，普降，尽得三郡将守，因引军还，与孙皎、潘璋并鲁肃兵并进，拒羽于益阳。（《三国志·吴志·吴主传》）

以上例句中，并列连词“并”与其连接的三项成分组成的短语“丁仪、丁廙并其男口”“孙皎、潘璋并鲁肃兵”作宾语。

并列连词“并”也有连接三项以上成分的用法。

⑩迁车骑大将军，赐剑佩、貂蝉各一具，骅骝马一匹，并衣服寝具。（《魏书·李宝传》）

⑪骠骑大将军、卫王仪督三万骑别从西北绝漠千余里，破其遗迸七部，获二万余口，马五万余匹，牛羊二十余万头，高车二十余万乘，并服玩诸物。（《魏书·太祖纪》）

例⑩中的并列连词“并”连接“剑佩”“貂蝉各一具”“骅骝马一匹”“衣服寝具”四项成分，例⑪中的“并”连接“二万余口”“马五万余匹”“牛羊二十余万头”“高车二十余万乘”“服玩诸物”五项成分，组成的短语分别作动词“赐”和“获”的宾语。

“并”的这种连接三项及三项以上并列成分的功能的出现，是连接两项体词性成分的用法的复杂化，是所连接的成分在数量上进一步扩展的结果，也说明了并列连词“并”的使用在这一历史时期的发展。

2. 与其他并列连词连用

中古汉语中，并列连词“并”有与“及”连用的用法。

⑫ 建安二十年，从攻合肥，会疫疾，军旅皆已引出，唯车下虎士千余人并吕蒙、蒋钦、凌统及宁，从权逍遥津北。（《三国志·吴志·甘宁传》）

⑬ 众生自被诳惑，乃将金造象：银神像及铜像并泥神像及木神像……（《序听迷诗所经》）

以上例句中，“并”“及”连用，连接体词性成分。前一例中，“并”所连接的成分“车下虎士千余人”“吕蒙、蒋钦、凌统”为一类，与“及”所连接的成分——主人公“宁”合在一起成为另一个大类。后一例中，前面的“及”所连接的成分“银神像”和“铜像”为一类，属于金属偶像；后面的“及”所连接的成分“泥神像”和“木神像”为另一类，属于非金属偶像；并列连词“并”将两类偶像连接起来。

“并”“及”连用还可连接谓词性成分。

⑭ 有人怕天尊法，自行善心，及自作好，并谏人好，此人即是受天尊教，受天尊戒。（《序听迷诗所经》）

⑮ 一切众生皆取圣上进止：如有人不取圣上驱使不伏，其人在于众生即是返逆偿；若有人受圣上进止，即成人中解事，并伏驱使，及好之人，并谏他人作好，及自不作恶，此人即成受戒之所。（《序听迷诗所经》）

前一例中，“及”所连接的成分“自行善心”“自作好”是自我修行的一类，合起来与“并”后面劝他人修行的成分“谏人好”构成并列的两大类，说明“受天尊教”“受天尊戒”的人的特点。后一例中，“并”“及”连用，并重复使用两次，所连接的五项成分“成人中解事”“伏驱使”“好之人”“谏他人作好”“自不作恶”作后面的主语“此人”的同位主语。

3.“并……亦/皆……”关联结构

中古时期,“并”可与“亦”构成“并NP亦VP”关联结构。

⑯二年正月,尚书令高肇奏,都水台请依旧二使者,参军事、谒者并录事、令史亦随事更立。(《魏书·官氏志》)

⑰既典名犹昔,宜有定员,并殿中二司马亦须有常数。(《魏书·官氏志》)

⑱河北执事之官,二级;河南立义及迎驾之官,并中途扈从,亦二级。(《魏书·孝庄纪》)

例⑯中,“亦”后的“随事更立”不但包括“并”前的“参军事、谒者”,而且还连带包括“并”后的“录事、令史”;例⑰中,“亦”后的“须有常数”不但包括“并”前的“定员”,而且还连带包括“并”后的“殿中二司马”;例⑱中,“亦”后的“二级”不但包括“并”前的“河南立义及迎驾之官”,而且还连带包括“并”后的“中途扈从”。

此外,还有“并……皆……”关联结构。如《魏书·夏侯道迁传》“而欣宗鬼语如夬平生,并怒家人皆得其罪,又发擿阴私窃盗,咸有次绪”中描写“欣宗”说“鬼语”时“咸有次绪”的状况:不但“如夬平生”,而且连“怒家人”时都“得其罪”,且又能“发擿阴私窃盗”。“皆”前后的成分“怒家人”“得其罪”,与“并”前面的“如夬平生”,都是同一主体“欣宗”所发出的动作。

“并……亦/皆……”用法的出现,是“并”的连接功能由句内向句际扩展的结果。由于结构中“并”与“亦/皆”之间具有黏着性,“并”的使用不具有独立性,所以我们将这一阶段视为“并”的连接功能由句内向句际扩展的过渡阶段。下文中,“并”出现单用、连接谓词性成分的用法,可视为“并”的连接功能扩展的完成。

4. 连接两项谓词性成分

中古时期，“并”出现了很多连接并列的谓词性成分的用法。

⑲ 秋八月，孙权遣使奉章，并遣于禁等还。(《三国志·魏志·文帝纪》)

⑳ 寻尚南阳长公主，赐帛一千匹，并给礼具。(《魏书·萧宝夤传》)

以上例句中，“并”所连接的谓词性成分“遣使奉章”和“遣于禁等还”、“赐帛一千匹”和“给礼具”之间的逻辑语义关系，除了并列关系之外，还有表“而且”的递进关系。

“并”的这种连接谓词性成分的功能的出现，是连接两项体词性成分的用法的复杂化所导致的连接成分的性质的改变，是连接功能由体词性成分向谓词性成分的扩展。随着这种性质的变化，所连接成分之间的逻辑语义关系也更加复杂了，由单纯的并列关系向递进关系演变。

五、小结

到了中古阶段，秦汉时期的并列连词“及、暨、与、并”沿用下来，且“及、暨、并”的连接功能都得以扩展，是上古并列连词在中古的发展。“及、暨、与、并”四个词的时代特点如下：

（1）“及”在这一时期完成了由句内连词向句际连词的演变，其演变过程可分为三个阶段：

NP1 及 NP2+VP→NP1VP，及 NP2 亦 / 皆 +VP→VP1，及 VP2

在最初阶段，“及”只能在单句中连接并列的体词性成分，所连接的成分与“及”之间关系紧密，句法上不可分开。

到了第二阶段，随着“及”所连接成分的复杂化，“及”所连接成分之间的关系变得松散可分离：“及”前的成分之后可以有停顿，而“及”后的成分与其后的副词“亦/皆”密不可分，构成了“NP1VP，及NP2亦/皆VP”结构。由于VP可以统管NP1、NP2，且“及”与后面的“亦/皆”的黏着性极强，“及”不能自由承担连接两个小句的功能，所以将这个阶段“及”的连接功能视为由句内向句际扩展的过渡阶段。

到了第三阶段，“及”所连接的成分的性质进一步发生改变，连接成分继续复杂化，连接功能由连接体词性成分扩展出连接谓词性成分的用法。这种功能的扩展首先是在句内进行的，“及”所连接的谓词性并列成分最初不能独立作谓语，而只能作并列的谓词性宾语或主语同位语。随着使用的增多，“及”前后谓词性成分之间的关系也越来越松散，前后成分之间可以独立成句，由此完成了“及”的连接功能由句内向句际的演变。

“及”的这种连接成分的复杂化、连接功能的扩展，直接导致“及”前后成分之间逻辑语义关系的改变，“及”由单纯的表并列关系的连词，发展成表递进关系的连词。

（2）这一时期，“暨”虽然远没有“及”用得普遍，但也没有消失，且与“及”平行虚化，同步演变。另外，“暨”除了沿用句内连词的用法，也扩展出“NP1VP，暨NP2亦VP”的关联形式。

NP1暨NP2+VP→NP1VP，暨NP2亦+VP

（3）“并”是中古时期发展最快的连词。从连接功能上看，除了连接两项体词性成分的用法外，还出现了单用、连接三项或三项以上体词性成分，与并列连词“及”连用，以及连接句内谓词性成分等用法。从发展演变上看,“并”不但呈现出由句内向句际演变的趋势,扩展出“NP1VP,并 NP2 亦 VP”关联结构,而且扩展出连接句内谓词性成分的用法。其演变过程如下:

NP1 并 NP2+VP → NP1VP，并 NP2 亦 +VP → VP1，并 VP2

“及、暨、并”三个并列连词在中古时期的历史演变,表现出较为一致的“平行虚化”(洪波,1999)的特点。

(4)“与”在中古时期的发展与“及、暨、并”有所不同,“与”虽然沿用了上古时期作为并列连词的用法,但数量渐趋减少,这是内外两种原因造成的。从内部原因来看,在“与”作介词的用法与作连词的用法的竞争中,作介词的用量增多导致作连词的用量减少;从外部原因来看,“及”的连词功能的扩展,使“与”的扩展空间受限,导致在这两个连词之间的竞争中,“及”的用法数量增多,“与”的用法数量减少。

第二节　新的单音节并列连词：兼、共、和、洎

中古时期汉语中出现的新的单音节并列连词是“兼、共、和”，新的书写形式是“洎”。

一、兼

在汉代，“并”和“兼”是相继发生平行虚化的一对近义词。“并”在西汉时期语法化为并列连词后，“兼”在东汉也开始发生语法化。“兼”不但具有“并”的连接功能，而且与“并”语法化的途径也相似。下面从用法、功能扩展和来源三个方面描写中古汉语并列连词“兼”。

（一）用法

并列连词“兼”连接两项体词性成分，组成的短语在句中可作主语、宾语。

①故春秋之所讥，灾害之所加也；春秋之所恶，怪异之所施也。书邦家之过，兼灾异之变，以此见人之所为，其美恶之极，乃与天地流通而往来相应，此亦言天之一端也。（《汉书·董仲舒传》）

②外郊祭员十三人，诸族乐人兼《云招》给祠南郊用六十七人……皆不可罢。（《汉书·礼乐志》）

例①中，“兼”与其连接的成分组成的短语“邦家之过兼灾异之变”作动词“书”的宾语；例②中，“兼”与其连接的成分组成的短语“诸族乐人兼《云招》给祠南郊用六十七人”作“皆不可罢”的主语。

(二)功能扩展

并列连词“兼”的功能扩展主要表现为连接成分由体词性结构向谓词性结构扩展。

1. “兼”连接谓词性成分

中古时期,并列连词“兼”出现了连接谓词性成分的用法。

③方进知能有余,兼通文法吏事,以儒雅缘饰法律,号为通明相,天子甚器重之。(《汉书·翟方进传》)

④易之嗛嗛,一谦而四益,此其所长也。及放者为之,则欲绝去礼学,兼弃仁义,曰独任清虚可以为治。(《汉书·艺文志》)

例③中,“知能有余,兼通文法吏事”作谓语;例④中,“绝去礼学,兼弃仁义”作动词“欲”的谓词性宾语。“兼”前后的两个谓词性成分受同一主语支配,“兼”有“(同时)又、且”的意思。

2. 以“既/又……兼……”等关联形式向句际扩展

⑤延明既博极群书,兼有文藻,鸠集图籍万有余卷。(《魏书·安丰王传》)

⑥萧雍州勋业盖世,谋猷渊肃,既痛家祸,兼愤国难,泣血枕戈,誓雪怨酷,精卒十万,已出汉川。(《南齐书·萧赤斧传》)

⑦宏闻高宗践阼非正,既新移都,兼欲大示威力。(《南齐书·魏虏传》)

⑧亮布衣儒生,侥幸际会,既居宰辅,兼总重权。(《宋书·傅亮传》)

以上例句中,“既博极群书,兼有文藻”“既痛家祸,兼愤国难”“既新移都,兼欲大示威力”“既居宰辅,兼总重权”分别是主语“延明”“萧雍州”“高宗”“亮”所具有的特点,因“兼”所连接的两个谓词性成分同受前面共同的主语的支配，即“兼”前后的两个成分之间是同一个主语而不是两个主语，所以这种结构仍属“兼”的用法由句内向句际过渡的阶段。

⑨天光密使军人多作木枪，各长七尺，至黄昏时，布立人马为防卫之势，周匝立枪，要路加厚。又伏人枪中，备其冲突，兼令密缚长梯于城北。(《魏书·尔朱天光传》)

以上例句中，“又……兼……”所连接的三项谓词性成分“密使军人多作木枪……”“伏人枪中……”“令密缚长梯于城北”是同一个主语“天光”先后布置的三项任务，这种用法是“既/又……兼……”关联结构的进一步复杂化，连接成分从两项向三项扩展，是“兼”的连接功能进一步扩展的结果。

这种用法在中古开始增多，但随着“兼”其他义项的发展变化，这种用法到了近代以后逐渐消失了。

3. 以“非唯/非直……兼……”连接递进分句

“兼”可出现在递进复句的后一分句中，与前面的“非唯”“非直”构成递进复句关联形式。

⑩白曜曰：“休宾仕南，爵宠如此，今若不劳兵甲望风自降者，非直处卿富贵，兼还其妇儿。”(《魏书·刘休宾传》)

⑪非唯重道，兼亦殉利。(《南齐书·高逸传》)

例⑩中，“非直……兼……”结构所连接的“处卿富贵”“还其妇儿”，是对“不劳兵甲望风自降者”的两种优待政策，这两项成分在逻辑语义上具有递进关系，后者比前者更进一层。例⑪中，“非唯……兼……”结构所连接的“重道”与“殉利”之间也存在递进的关系，后者比前者更进一步。

“兼”作句际连词的用法是其连接成分复杂化的结果，是“兼”的连接功能由句内向句际的扩展。这种显性的关联形式标记，使被连接成分之间的逻辑语义关系得以凸显。

（三）来源

《说文·秝部》："兼，并也。从又持秝。兼，持二禾。秉，持一禾。"说明"兼"最初是动词，可构成"兼NP"结构。

⑫其臣曰："孺子长矣，而相吾室，欲兼我也。"（《左传·昭公八年》）

⑬秦并海内，兼诸侯，南面称帝，以养四海。（《史记·秦始皇本纪》）

以上例句中，动词"兼"后的体词性宾语分别是"我""诸侯"。

与"并"类似，连接体词性成分的并列连词"兼"也是由"兼NP"出现在连动结构中而被重新分析并演变来的。当"兼NP"前面的NP1出现，形成"NP1+兼NP2"结构时，由于NP1和NP2在逻辑语义上存在共性，该结构有可能被视为一个整体，"兼"可被重新分析为并列连词。

⑭而藩国大者夸州兼郡，连城数十。（《汉书·诸侯王表》）

例⑭中，由于"州"和"郡"都是表示行政区划的地域单位，所以"州兼郡"可以被看成一个整体，它们可共同作"夸"的宾语，"兼"可被重新分析为并列连词。即：

$$兼 NP \rightarrow VP + NP1 + \underline{兼 NP2} \rightarrow VP + \underline{NP1 兼 NP2}$$

"兼"具有连接谓词性成分的功能，也可看成是其连接体词性成分的功能的扩展，是其所连接成分的复杂化：由体词性成分向谓词性成分扩展。

并列连词"并"和"兼"的语法化表现为一种平行虚化现象，即"不同的词汇单位由于分布在相同的句法环境中，受到相同的因素的影响，从而出现方向相同的虚化"（洪波，1999）。它们是一组意义相近的实词，在相同的句法环境中产生了相似的变化。这种意义相近的动词平行虚化为并列连词的现象，在汉语并列连词的语法化过程中具有一定的代表性和普遍性，除了目前所讨论的“并”“兼”这一组词汇发生平行虚化的例子外，前面所讨论的西周时期的“眔”“及”“暨”也先后发生了不同层面的平行虚化。

二、共

在唐代，并列连词“共”开始萌芽。下面分别介绍其用法和来源。

（一）用法

并列连词“共”可以连接体词性成分。

①洞庭秋正阔，余欲泛归船。莫辨荆吴地，唯余水共天。（孟浩然《洞庭湖寄阎九》，《全唐诗》卷一百六十）

②定觉身将囚一种，未知生共死何如。（元稹《酬乐天得微之诗知通州事因成四首》，《全唐诗》卷四百一十六）

上面例句中的“水共天”“生共死”分别是前面的动词“唯余”“知”的宾语。

（二）来源

《说文·共部》：“共，同也。从廿、廾。凡共之属皆从共。”段玉裁这样注解：“同也。从廿廾。廿，二十并也。二十人竦手，是为‘同’也……《周礼》《尚书》‘供给’‘供奉’字皆借

‘共’字为之。”“共”古文作“”，“有顺从之象”。也就是说，“共”的近义词是“同”，是动词。

动词“共”后面可带宾语，形成“共NP”结构。

③对曰：“小人虑材而言，量力而共者也。”（《左传·哀公十一年》）

④广廉，得赏赐辄分其麾下，饮食与士共之。（《史记·李将军列传》）

⑤子楚乃顿首曰：“必如君策，请得分秦国与君共之。”（《史记·吕不韦列传》）

“共”的动作应该有双方参与，一般用介词“与”来引进另外一个参与“共”动作的对象。“共”后的宾语不是“共”的动作参与者，而是“共”的与事。

当“共”后面的句法结构复杂化，出现连动结构时，“共”可以与后面的VP形成“共VP”结构，这时“共”可语法化为副词。

⑥子路曰：“愿车马衣轻裘，与朋友共，敝之而无憾。”（《论语·公冶长》）

杨伯峻先生在《论语译注》中认为这里的“轻”为衍文，并介绍了这句话的两种读法：一种是把“共”作为动词来断句，如上；另一种是把“共”作为修饰“敝”的副词来断句，中间没有停顿，即“愿车马衣裘与朋友共敝之而无憾”，并认为这两种读法所表现的意义并无明显的区别。这种结构上的两可，说明了动词“共”可以被重新分析为副词。也正是由于这种重新分析，它的词义才发生了演变。

当“共”后面的句法结构复杂化，“共”前面的体词性成分NP1出现，形成“NP1+共+NP2+VP”结构时，如果NP1和NP2在逻辑语义上具有共同属性，则“NP1共NP2”可被分析为一个整体，“共”具有被重新分析为并列连词的可能性。

⑦高祖戏肃曰：“近者行次朝歌，闻成淹共卿殊有往覆，卿试重叙之。”（《魏书·成淹传》）

⑧每常心共口敌，性与情竞，夜觉晓非，今悔昨失，自怜无教，以至于斯。（《颜氏家训·序致》）

以上例句中的动词“有往覆”“敌”都是需要有双方参与的交互类动词，“共”连接的是动作的两个对象。当动词由交互类向非交互类扩展时，“NP1+共+NP2+VP非交互类”的结构被重新分析，“NP1+共+NP2”在逻辑语义上可被视为一个整体，导致“共”的性质发生改变：由介词变为并列连词。

三、和

在唐代，并列连词“和”开始萌芽。下面分别介绍其用法和来源。

（一）用法

并列连词“和”的用法有连接两项体词性成分和连接两项谓词性成分两种。

1. 连接两项体词性成分

并列连词“和”可以连接两项体词性成分。

①引水忽惊冰满涧，向田空见石和云。（卢纶《早春归盩厔旧居》，《全唐诗》卷二百七十六）

②愚徒死恋色和财，所以神仙不肯召。（吕岩《敲爻歌》，《全唐诗》卷八百五十九）

③雀儿和燕子，合作开元歌。（《敦煌变文·燕子赋》）

④花，花，深浅，芬葩，凝为雪，错为霞。莺和蝶到，苑占宫遮。（张南史《花》，《全唐诗》卷二百九十六）

例①、例②中的“石和云”“色和财”分别是前面的动词“见”“恋”的宾语，例③、例④中的“雀儿和燕子”“莺和蝶”分别是后面的动词“合作”“到”的主语。

2. 连接两项谓词性成分

并列连词“和”还可以连接两项谓词性成分。

⑤溪光何以报？只有醉和吟。（郑谷《郊园》，《全唐诗》卷六百七十四）

⑥野草凡不凡，亦应生和出。（苏拯《凡草诫》，《全唐诗》卷七百一十八）

以上例句中，并列连词“和”与其连接的谓词性成分组成的短语“醉和吟”“生和出”分别作动词“有”“应”的宾语。

（二）来源

《说文·口部》：“咊，相应也。从口，禾声。”可见“和”的意思是“相呼应”。动词“和”后可带宾语，构成“和NP”结构。

⑦二十年春，郑伯和王室，不克。执燕仲父。（《左传·庄公二十年》）

⑧公曰：“然则莫如和戎乎？”对曰：“和戎有五利焉……”（《左传·襄公四年》）

以上例句中，动词“和”后的体词性成分“王室”“戎”作“和”的宾语，“和”的意思是“讲和”。

因为动词“和”是交互类动词，所支配的动作需要双方参与，所以当“和NP”结构复杂化，后面出现其他动词，形成连动结构时，“和”开始语法化为介词。

⑨时挑野菜和根煮，旋斫生柴带叶烧。（杜荀鹤《山中寡妇》，《全唐诗》卷六百九十二）

⑩金桃带叶摘，绿李和衣嚼。（宋齐丘《陪游凤凰台献诗》，《全唐诗》卷七百三十八）

⑪陈无己亦是以策言不用兵，孝文和戎好，桧亦喜之。（《朱子语类》卷第一百三十）

例⑨、例⑩中的“和”可视为伴随介词，引进后面动词“煮”“嚼”的动作对象。“煮”“嚼”虽然还不是交互类动词，但“NP1和NP2+VP”结构的出现，使“NP1和NP2”结构中的“和”具备了向并列连词进一步语法化的句法可能性。例⑪中，“和”后的动词“好”是交互类动词，且动作双方“孝文”“戎”都出现了，所以“孝文和戎好”结构在句法和语义上都具备了被重新分析的可能性。

孝文 和戎好→孝文和戎 好

当“和”后的动词由交互类动词进一步向非交互类动词扩展时，“和”完成了由伴随介词向并列连词的语法化。

⑫虏中法，偏旁字皆讳。如“敬”字和“儆”字皆讳。（《朱子语类》卷第一百三十八）

以上例子中，因为有表示总括的副词“皆”，所以“和”可视为连接并列体词性成分“‘敬’字”“‘儆’字”的并列连词。

四、洎

并列连词“洎”起初出现在《汉书·王莽传》中。

①大司马保纳卿、言卿、仕卿、作卿、京尉、扶尉、兆队、右队、中部左洎前七部；大司徒保乐卿、典卿、宗卿、秩卿、翼尉、光

尉、左队、前队、中部、右部，有五郡；大司空保予卿、虞卿、共卿、工卿、师尉、列尉、祈队、后队、中部洎后十郡；及六司，六卿，皆随所属之公保其灾害，亦以十率多少而损其禄。（《汉书·王莽传》）

"洎"连接多项并列体词性成分组成的短语"大司马保纳卿、言卿、仕卿、作卿、京尉、扶尉、兆队、右队、中部左洎前七部""大司空保予卿、虞卿、共卿、工卿、师尉、列尉、祈队、后队、中部洎后十郡"，在句中作主语。对于此处的"洎"，颜师古注说："洎亦臮字也。臮，及也。"

"洎"作为地名用字在甲骨文中就出现了。《说文·水部》："洎，灌釜也。从水，自声。"《说文·㐺部》："臮，众词，与也。"段注认为"洎""臮"之间是假借关系。这样，联系前文并列连词"臮"，"洎"也可被视为并列连词"暨"的另外的书写形式。

唐代的文献中仍有"洎"连接体词性成分的例子。

②不十数年，凤之妻子洎仆使辈，死丧略尽。（薛用弱《集异记·汪凤》）

③明年，用兵于蔡，朝廷诸公洎外诸侯，咸以公为请。（柳宗元《孟公墓志铭》，《全唐文》卷五百八十九）

④公命部吏洎州司功掾，告于其祠。（柳宗元《赐谥大鉴禅师碑并序》）

⑤惟师教所被，洎扶风公所履，咸戴天子。（柳宗元《赐谥大鉴禅师碑并序》）

以上例句中，"洎"与其连接的体词性成分组成的短语"凤之妻子洎仆使辈""朝廷诸公洎外诸侯"作主语，"部吏洎州司功掾""师化所被，洎扶风公所履"作兼语。

五、小结

中古时期新的单音节并列连词主要有“兼”“洎”两个。

“兼”是从东汉时期开始语法化为并列连词的，它最初有连接体词性成分和连接同一主语支配下的谓词性成分的功能。到了魏晋南北朝时期，“兼”在句际扩展出了两种形式：一种是“既/又……兼……”关联形式，所连接成分之间具有并列关系；另一种是“非唯/非直……兼……”关联形式，所连接成分之间具有递进关系。

通过平行虚化产生于汉代的一对并列连词“并”和“兼”，到了魏晋南北朝时期，分别朝着不同的方向发展演变，它们的功能开始分化，连接功能由句内向句际的扩展方向有所不同，被连接成分之间的逻辑语义关系也有所不同。

表4：并列连词“并”“兼”功能分化表

	所关联词语	格式	关联方向	逻辑关系
并	亦/皆	并……亦/皆……	向后	连带
兼	既/又	既/又……兼……	向前	并列
	非唯/非直	非唯/非直……兼……		递进

“并”与后面的“亦/皆”关联，构成“并……亦/皆……”结构，所连接成分之间具有连带关系；“兼”与前面的“既/又”或“非唯/非直”关联，构成“既/又……兼……”和“非唯/非直……兼……”两种关联结构，前一种关联结构所连接成分之间具有并列关系，后一种具有递进关系。

“洎”和上古汉语并列连词“臮”是假借字关系，和“暨”是古今字关系。

第三节　新的双音节并列连词：并及、爰及、以及、暨于、洎于

受汉语词汇双音化总体发展趋势的影响，中古时期汉语并列连词也出现了双音化的特点，新的双音节并列连词有：并及、爰及、以及、暨于、洎于。

一、并及

并列连词"并及"连接两项体词性成分的用法始见于东汉。

①至成帝初即位，衡乃与御史大夫甄谭共奏显，追条其旧恶并及党与。（《汉书·匡衡传》）

②其在库绢布并及丝绵，不依典制者，请遣一尚书与太府卿、左右藏令，依今官度、官秤，计其斤两、广长，折给请俸之人。（《魏书·张普惠传》）

前一例中并列连词"并及"与其连接的体词性成分组成的短语"旧恶并及党与"作宾语，后一例中并列连词"并及"与其连接的体词性成分"绢布并及丝绵"作主语。

并列连词"并及"是在双音化的过程中，由并列连词"并"和并列连词"及"同义连文而形成的。

二、爰及

"爰及"作并列连词始见于晋代，主要在南北朝时期使用。其用法有连接两项并列成分和连接多项并列成分两种。

①今丧君有君，宗祏惟固，宜崇赏卿士爰及百辟，凡厥在位，并加陟叙。(《魏书·肃宗纪》)

②履端大享，敬御繁祉。肆觐群后爰及卿士。(《宋书·乐志》)

以上例句中，并列连词“爰及”与其连接的两项并列成分组成的短语“卿士爰及百辟”“群后爰及卿士”作宾语。

③从西还，大艑小艒爰及草舫，钱米布绢，无船不满。(《宋书·吴喜传》)

④辞德匪嗣，至于累仍，而群公卿士，庶尹御事爰及黎献，至于百戎，佥曰：“皇天眷命，不可以固违，人神无托，不可以旷主。”(《南齐书·高帝纪》)

⑤蔬果之畜，园场之所产；鸡豚之善，埘圈之所生。爰及栋宇器械，樵苏脂烛，莫非种殖之物也。(《颜氏家训·治家》)

⑥右军、宣简爰及武昌，皆以无罪，并遇枉酷。(《魏书·刘裕传》)

以上例句中，并列连词“爰及”与其连接的多项并列成分组成的短语“大艑小艒爰及草舫”“群公卿士，庶尹御事爰及黎献”“蔬果之畜，园场之所产；鸡豚之善，埘圈之所生。爰及栋宇器械，樵苏脂烛”“右军、宣简爰及武昌”作主语。

⑦魏世匈奴遂衰，更有乌丸、鲜卑，爰及东夷，使译时通，记述随事，岂常也哉！(《三国志·魏志·乌丸鲜卑东夷传》)

⑧所启允合，请即使至徐、兖、司、豫，爰及荆、雍，各当境规度，勿有所遗。(《南齐书·徐孝嗣传》)

以上例句中，“乌丸、鲜卑，爰及东夷”“徐、兖、司、豫，爰及荆、雍”分别作动词“有”或“至”的宾语。

并列连词“爰及”来源于对“爰＋及动词”结构的重新分析。早期“爰及”结构中的“及”是“泽及”或“到”的意思。

⑨古公亶父,来朝走马,率西水浒,至于岐下。爰及姜女,聿来胥宇。(《诗经·大雅·绵》)

⑩封爵之誓曰:"使河如带,泰山若厉。国以永宁,爰及苗裔。"(《史记·高祖功臣侯者年表》)

⑪夫天下称诵周公,言其能论歌文武之德,宣周邵之风,达太王王季之思虑,爰及公刘,以尊后稷也。(《史记·太史公自序》)

⑫方今九州之民,爰及京城,未有六乡之举,其选才之职,专任吏部。(《三国志·魏志·傅嘏传》)

"及"或作"暨"或"逮"。

⑬其在高宗,时旧劳于外,爰暨小人。(《尚书·无逸》)

⑭仰四代之休义,鉴明昏之定期,询于群公,爰逮庶尹,咸曰休哉,罔违朕志。(《宋书·武帝纪》)

如果"爰及""爰逮"前后的NP1和NP2在逻辑语义上具有共同属性的话,该结构就有可能被重新分析为一个整体,"爰及""爰逮"可被重新分析为并列连词,如上面例子中的"爰逮"和下面例句中的"爰及"。

⑮昔高宗梦傅说,周文求吕尚,爰及汉祖纳食其于布衣,此乃帝王之所以倡业垂统,缉熙厥功也。(《三国志·蜀志·彭羕传》)

以上例句中的"高宗梦傅说""周文求吕尚""汉祖纳食其于布衣"同属于帝王"倡业垂统"之举,所以"爰及"可被视为并列连词。

三、以及

以往的研究认为,并列连词"以及"的最早例子出现在宋代(《古今汉语虚词大辞典》)。笔者调查发现,南朝沈约的《宋书》中有一个更早的例子。

①帝若躬亲射禽，变御戎服，内外从官以及虎贲悉变服，如校猎仪。(《宋书·礼志》)

这一例中有统括标记“悉”，说明前面的“内外从官以及虎贲”应被视为一个整体，所以“以及”是并列连词。

并列连词“以及”也是由重新分析得来的。“以及”最初的结构是“以连词＋及动词”结构，“及”是“到”或“关涉到”的意思。

②昔胤年少，初无功劳，横受精兵，爵以侯将，盖念公瑾以及于胤也。(《三国志·吴志·周瑜传》)

上面例子中的动词“及”后有介词“于”来引进动作的对象。当“NP1+以及+NP2”结构前后出现其他VP时，“以及”开始了它向并列连词的语法化，其过程可分为以下几步：

第一步，“以及”后面引进动作对象的介词“于”不出现。

③馘夫差于姑苏，故亦约其身以及家，俭其家以施国，用能囊括五湖，席卷三江，取威中国，定霸华夏。(《三国志·魏志·王朗传》)

虽然这种结构中的“以及”具备了并列连词在句法结构上的条件，但是由于NP1和NP2在逻辑语义上不具有共性，所以“NP1+以及+NP2”结构不能被重新分析为一个整体，这里的“以及”还不是并列连词。

第二步，当“以及”前后的NP1和NP2在逻辑语义上具有共同的属性时，“NP1+以及+NP2”结构才有可能被看成一个整体，“以及”可被重新分析为并列连词，如上文例①出自《宋书》的例句，以及下文中出自《魏书》的例子。

④爰历三代，以及秦汉，獯鬻、猃狁、山戎、匈奴之属，累代残暴，作害中州。(《魏书·序纪》)

以上例句中的“三代”与“秦汉”在语义上同属“累代”的范围，所以“以及”可以被重新分析为并列连词。

在并列连词“爰及”“以及”的语法化过程中，除了结构被重新分析的因素外，也不能排除其他诸如类推等因素起作用的可能性，以及并列连词“及”使用频率的增加、“并及”形式的出现等外部力量的影响。值得注意的是，并列连词“及以”也出现在中古时期的景教文献中。

⑤此经如是，能令见在，及以未来，有善心者，见安乐道，则为凡圣诸法本根。(《志玄安乐经》)

上面的例句中，“能令见在”中的“见”，应为“现”的俗字或抄写笔误，不然意思不通。“及以”所连接的是表时间的并列成分“现在”和“未来”，“及以”是并列连词。因为该句中俗字的出现，又因目前所检索的语料中未发现更多的并列连词“及以”的用例，所以不能排除“及以”是“以及”的可能性，暂将“及以”视作并列连词“以及”的书写变体。

四、暨于、洎于

双音节并列连词“暨于”的例子见于南北朝时期。

①于是群公卿士，百辟庶僚，黎献陪隶，暨于百蛮君长，佥曰：“皇天鉴下，求民之瘼，既有成命，固非克让所得距违。”(《宋书·礼志》)

②自德宗以来，内外乖贰，石头以外，皆专之于荆、江，自江以西则受命于豫州，京口暨于江北皆兖州刺史刘牢之等所制，德宗政令所行，唯三吴而已。(《魏书·司马叡传》)

例①中的“群公卿士，百辟庶僚，黎献陪隶，暨于百蛮君长”作主语，例②中的“京口暨于江北”作“所制”的宾语。

与“及”的双音节形式“及与”的来源相似，并列连词“暨于”也是在双音化过程中由并列连词“暨”和并列连词“于”同义连文而来的。

这一时期也通过同义连文的形式产生了双音节并列连词“洎于”。

③群公庶尹六事之人，外及将士，洎于蛮夷君长，佥曰：“天命不可以辞拒，神器不可以久旷，群臣不可以无主，万几不可以无统。”（《三国志·魏志·文帝纪》裴松之注）

以上例句中的“群公庶尹六事之人，外及将士，洎于蛮夷君长”作主语。

五、小结

从上古晚期开始，汉语并列连词系统中出现了双音节形式“及与”。到了中古时期，双音节并列连词得到了进一步的发展，产生了“并及、爰及、以及、暨于、洎于”五个双音节并列连词。

从形式上看，这些并列连词都是以“及”或它的假借形式作为构词语素而产生的双音节并列连词；从结构上看，“及”作为构词语素有居后的“～及”和居前的“及～”两种。

从来源上看，这些并列连词的产生途径有同义连文和结构重新分析两种，其中“并及”“暨于”“洎于”是通过同义连文产生的，“爰及”“以及”是通过对相邻结构中的动词“及”的重新分析而演变来的。它们的出现表明汉语动词“及”的发展演变是一个持续不断的过程，它在完成了向单音节并列连词的语法化之后，还会将原来没有发生语法化的那部分动词用法继续向语法化推进，使它们最终语法化为构词语素。“及”在历史上存在的时间比较长，动词“及”的语法化也较为彻底。

第四节　中古时期汉语并列连词系统的特点：双音化与语素化

中古时期，汉语并列连词系统中主要有“及、暨、洎、与、并、兼”六个单音节词和“并及、爰及、以及、暨于、洎于”五个双音节词，共十一个。下面从中古时期的汉语并列连词系统、汉语并列连词从上古到中古的演变、中古汉语新增并列连词的来源，以及目前的误区四个方面，对中古时期的汉语并列连词系统进行小结。

一、中古时期的汉语并列连词系统

从形式上看，中古时期的汉语并列连词可分为单音节并列连词和双音节并列连词两类，其中单音节并列连词又可分为“及”组、“并”组、“与”组三类。“及”组包括“及、暨、洎”三个成员；“并”组包括“并、兼”两个成员；“与”组之所以被称为“组”，并非因其有组员，而是为了便于比较。双音节并列连词包括“并及、爰及、以及、暨于、洎于”五个成员。单音节并列连词系统成员之间的关系见下表：

表 5：中古汉语单音节并列连词系统成员之间的关系表

<table>
<tr><th></th><th>连接两项 NP</th><th>连接多项 NP</th><th>关联结构</th><th>连接谓词性成分 VP</th><th>逻辑语义关系</th></tr>
<tr><td>及</td><td>+</td><td>++++</td><td>及……亦/皆……</td><td>+</td><td rowspan="3">并列、连带、递进</td></tr>
<tr><td>暨</td><td>+</td><td></td><td>暨……亦……</td><td></td></tr>
<tr><td>并</td><td>+</td><td>++++</td><td>并……亦/皆……</td><td>++</td></tr>
</table>

续表

	连接两项 NP	连接多项 NP	关联结构	连接谓词性成分 VP	逻辑语义关系
兼	+		既 / 又……兼…… 非唯 / 非直……兼……	++	并列、递进
与	+	+		+	并列、选择

从连接成分上看，连接两项体词性成分的用法，三组都在使用；而连接三项或三项以上体词性成分，以及并列连词连用的用法，使用最多的是“及”和“并”。连接两项谓词性成分的用法，除了“暨”以外，其余都在使用，但是使用最多的是“并”和“兼”。

从连接功能上看，除了句内成分的连接外，“及”“暨”“并”“兼”分别从句内向句际扩展出“及……亦 / 皆……”“暨……亦……”“并……亦 / 皆……”“既 / 又……兼……”“非唯 / 非直……兼……”等关联结构。

从被连接成分之间的逻辑语义关系看，三组除了都表并列关系外，各自还兼表不同的逻辑语义关系：“及、暨、并”兼表连带和递进，“兼”兼表递进，“与”兼表选择。

二、汉语并列连词从上古到中古的演变

汉语并列连词从上古到中古的演变包括消失、沿用两个方面，沿用中又包含功能扩展。

（一）消失

上古时期的并列连词“罘、及、暨、臮、于、越、雩、与、并、及与”，到了中古时期消失了的有“罘、于、越、雩”四个。上古汉语中的并列连词“罘”到中古时期消失，是方言的原因，它是一个方言词，因此最终没能进入到共同语中。“于、越、雩”的消失，是文字的原因，假借字“与”的兴起，替代了这些字。

（二）沿用与功能扩展

上古汉语中的“及、与、并”三个并列连词不但沿用到中古时期，而且它们各自的连接功能在中古时期得到了极大的扩展，其历史演变呈现出两种趋势。一种是连接功能由句内到句际，向外扩展，形成“及……亦／皆……”“并……亦／皆……”关联结构；另一种是语法形式由单音节词到双音节语素，向内凝固，形成了以“～及”为后置语素的“并及、爰及、以及”和以“～于”为后置语素的“暨于、洎于”两类双音节并列连词。

汉语并列连词从上古到中古的历史演变方向如下：

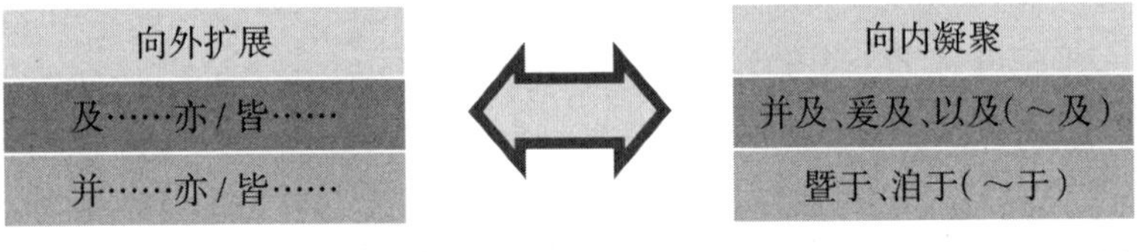

“及、与、并”三个并列连词的历史演变呈现出分工互补之势：

并列连词／分布	句内	句际	复句
与	＋选择		

续表

并列连词 / 分布	句内	句际	复句
及		+ 连带	
并			+ 递进

从被连接成分之间的逻辑语义关系看，“与”向句内连接表选择的方向演变，“及”向句际连接表连带的方向演变，“并”向复句结构表递进的方向演变。

三、中古汉语新增并列连词的来源

中古时期新出现的并列连词主要有单音节的“兼”“洎”和双音节的“并及、爰及、以及、暨于、洎于”等。新词产生的途径主要有三个：一是单音节并列连词“兼”从“并”的平行虚化而来；二是双音节并列连词“爰及、以及”通过对相邻句法结构的重新分析而来；三是双音节并列连词“并及、暨于、洎于”通过单音节并列连词“及”“于”的语素化同义连文而来。

中古时期，语法化仍是新的并列连词产生的重要途径，同时它的表现形式出现了更多的变化；上古时期使用较多的假借手段在这一时期一般不用。在中古汉语并列连词的来源问题上，语素化现象格外值得关注。

以往在观察中古汉语词汇的历史变化时，往往使用“双音化”来解释新出现的双音节词，汉语并列连词在这一阶段的发展演变同样表现出了“双音化”这个共性。本书之所以使用“语素化”来分析描写中古汉语并列连词“双音化”的特性，是基于以下几点考虑：

首先，双音节并列连词是在单音节并列连词完成语法化之后出现的，是在单音节并列连词的功能发展到一定程度后出现的进一步的发展变化形式，也可以说它是单音节并列连词进一步语法化的表现。在语法化链上，语素一般是继词之后的另一种进一步语法化的句法形式，所以用“语素化”这一术语更能体现出汉语并列连词进一步语法化的特点。

其次，中古时期产生的新的双音节并列连词是通过同义连文和相邻句法结构重新分析两种途径得来的。从语法化的角度观察同义连文现象即是汉语并列连词向构词语素的发展变化，而相邻句法结构的重新分析也是在语法化过程中将原来的实词重新分析为构词语素的过程，所以语素化可以概括中古阶段这两种来源的双音节并列连词。

再次，语素化不仅仅是汉语并列连词发展演变中所特有的现象，它也是汉语词汇历时语法化过程中普遍存在的现象。以“及”为例，它除了作为语素可以构成双音节并列连词外，还可以作为语素出现在双音节动词中，构成如“怨及、语及、言及、谋及、论及、谈及、殃及、问及、说及、施及、祸及、累及、泽及、祚及、灾及、赏及、罪及、殃及、普及、侵及、燎及、图及、思及、念及”等双音节动词。

四、中古汉语并列连词“并”的研究误区

中古时期出现了写作“並”的并列连词的一些例子，它的连接功能都没有超过这一时期“并”的用法。如果不仔细辨认，“並”“并”的区别不容易看出来。

“并”的动词义是“兼”，因为它后面的宾语是动作的对象，所以它可以在连动结构中进一步语法化为并列连词；而“並”的动词义是“依傍”“同在”。

①礼之可以为国也久矣，与天地並。(《左传·昭公二十六年》)

"並"后面的宾语是动作的地点或工具，它一般在连动结构中可语法化为副词而不是并列连词。

②百行兼苞，文武並骛，博选良才。(《三国志·吴志·韦曜传》)

"並"的语法化是沿着下面的方向发展变化的：

並"依傍"动词→NP1NP2 並"两者都"副词+VP→並"普遍"副词+VP→並+neg.VP→加强否定语气

在历史文献中，"并""並"基本上泾渭分明，"并"作连词，"並"是副词。

③后叟被征至，谢恩，并献诗一篇。高宗时召叟及舒，並使作檄刘骏、蠕蠕文。舒文劣于叟，舒寻归家。(《魏书·胡叟传》)

但是由于"並""并"的字形相似、繁简转换等因素，有些研究未对两者进行区分。如《汉语大字典》把《汉书·张汤传》"奸吏並侵渔"中的副词"並"误为连词，《古今汉语虚词大辞典》把《史记·秦始皇本纪》中"借使秦王计上世之事，並殷周之迹，以制御其政"中的动词"並"误为连词，《敦煌变文12种语法研究》把《敦煌变文·双恩记》"如是次弟，並推年老，无一受者"中的副词"並"误为连词(刘爱菊，2006)。

第四章　近代的汉语并列连词

研究近代汉语并列连词的主要语料有两类：一类是汉译《圣经》语料，或称“同质性语料”；一类是非《圣经》语料，或称“非同质性语料”。之所以选择汉译《圣经》语料进行这一时期的汉语并列连词历时研究，是因为近代的汉译《圣经》的译本丰富，年代层次清晰，内容明确固定，有利于对比分析，是最科学最理想的语料。本书所参照的汉译《圣经》语料的主要版本有：《新约全书：文理》马殊曼译本，《神天新遗诏书·马窦传福音之书》马礼逊、米怜译本，《新遗诏圣书：深文理》郭实腊译本，1937年圣经公会印发的《新旧约全书：福州土腔》，《圣经：和合本“神”版》（2009年版），中国香港圣经公会2010年修订的《圣经：中英对照和合本修订版》，中国基督教两会1999年出版的《赞美诗新编：中英双语本》。非《圣经》语料有《敦煌变文》《刘知远诸宫调》《三朝北盟汇编》《朱子语类》《全宋词》《元刊杂剧三十种》《错斩崔宁》《原本老乞大》《水浒全传》《西游记》《红楼梦》《儿女英雄传》和《彭公案》《老残游记》等。

在近代，上古前期所产生的并列连词逐渐消失或衰落了；而上古后期萌芽、中古时期复兴的并列连词都沿用了下来，且功能得到强化或扩展；同时中古后期萌芽的并列连词此间开始活跃且功能得到扩展。

本章旨在对近代汉语并列连词系统进行分类描写和总结，分四节。首先从衰落与消失、强化与扩展两个方面来描写中古汉语并列连词在近代汉语中的使用情况，然后描写近代时期新出现的并列连词，最后讨论近代汉语并列连词系统的特点。

第一节　衰落与消失：及、与、并及、爰及、暨于、洎于

上古时期所产生的并列连词，在经历了中古时期的发展后，经过一千多年的历史演变，进入到近代后出现了衰落或消失的情况。"及""与"等词的连接功能在近代没有发展出更多的用法，它们作为并列连词呈现出衰落之势：虽然在使用，但多保留在书面语中。

一、及

近代汉语中，并列连词"及"仍保留了连接两项或多项体词性成分的用法。

①山河及大地，全露法王身。（《朱子语类》卷第一百二十六）

②牙可百生如大及厥弟兄们。（《神天新遗诏书·马窦传福音之书》1:2）

③故大众随之，从加利利及氏加波利及耶路撒冷及如氏亚及若耳但之岸也。（《神天新遗诏书·马窦传福音之书》4:25）

例①中"及"与其连接的成分组成的短语"山河及大地"作主语；例②中"及"与其连接的成分组成的短语"如大及厥弟兄们"作宾语；例③中四个"及"连用，所连接的五个地名"加利利、氏加波利、耶路撒冷、如氏亚、若耳但"一同作介词"从"的宾语。

此外，"及"还可以连接谓词性成分。

④麦熟我先食，禾熟在前尝。寒来及暑往，何曾别帝乡？（《敦煌变文·燕子赋》）

⑤而却全群猛跑下坡入海及沉于水。（《神天新遗诏书·马

窦传福音之书》8:31）

前一例中“及”与其连接的并列谓词性成分组成的短语“寒来及暑往”作时间状语，后一例中“及”与其连接的并列谓词性成分组成的短语“下坡入海及沉于水”作谓语“猛跑”的地点状语。

这一时期“及”的使用表现为两个特点。一方面，在反映口语的文献中，并列连词“及”基本不用，如在元代的《元刊杂剧三十种》中，“及”共出现四十六次，但没有一次是并列连词的用法，说明“及”的并列连词用法在元代已经退出口语系统。又如前面例③《神天新遗诏书·马窦传福音之书》中的例句，在和合本中作：

⑥当下，有许多人从加利利、低加波利、耶路撒冷、犹太、约旦河外来跟着他。（《圣经·马太福音》4:25和合本）

“及”为顿号所取代。但另一方面，并列连词“及”并没有完全绝迹，在现代汉语中有用例。

⑦联合全市的医护人员及社会各界人士，为孤残儿童献爱心。（《现代汉语八百词》）

这说明，从某个时代并列连词系统的角度看，某些词虽然已经“衰落”了，如元代以后的“及”，从语体的角度看它已经退出了口语系统，但并不是完全绝迹，后代还有用例保留在书面语中。因此，并列连词“及”作为一种在汉语历史上曾广泛使用的形式，它的衰落是相对而言的，不是绝对的消失：尽管在近代它退出了口语系统，但是还是以“语言化石”的形式保留在书面语中。

二、与

与中古时期“与”的连接功能相似，近代汉语中“与”也有连接体词性成分和谓词性成分两种功能。以下是“与”连接并列的体词性成分的例子。

①以天之围言之，上弦与下弦时，月日相看，皆四分天之一。(《朱子语类》卷第二)

②店主人答道：“鸡与肉都已煮熟了，只等大郎来。”(《水浒全传》第三十二回)

③此何人耶？致风与海遵之矣。(《神天新遗诏书·马宽传福音之书》8：27)

④携了妻子与两个丫鬟，投他岳丈家去。(《红楼梦》第一回)

⑤那玉砌珠帘与画堂，我可也觑得寻常。(《元刊杂剧三十种·拜月亭》)

例①、例②中“与”与其连接的两项体词性成分组成的短语“上弦与下弦”“鸡与肉”作主语，例③、例④中“与”与其连接的两项体词性成分组成的短语“风与海”“妻子与两个丫鬟”作兼语，例⑤中“与”与其连接的两项体词性成分组成的短语“那玉砌珠帘与画堂”作宾语。此外，“与”仍保留了连接多项体词性成分的用法。

⑥老苏只取《孟子》《论语》《韩子》与诸圣人之书，安坐而读之者七八年，后来做出许多文字如此好。(《朱子语类》卷第十)

⑦还有那管塔的塔头，管饭的饭头，管茶的茶头，管东厕的净头，与这管菜的菜头。(《水浒全传》第六回)

以上两例中，“与”与其连接的四项成分组成的短语“《孟子》《论语》《韩子》与诸圣人之书”“管塔的塔头，管饭的饭头，管茶的茶头，管东厕的净头，与这管菜的菜头”作宾语。

除了连接体词性成分，近代汉语中，“与”也可以连接谓词性成分。

⑧只争个知与不知，争个知得切与不切。（《朱子语类》卷第九）

⑨然而人之文章，也只是三十岁以前气格都定，但有精与未精耳。（《朱子语类》卷第一百三十九）

以上两例中，“与”连接的两项谓词性成分“知”“不知”、“切”“不切”、“精”“未精”之间具有非兼容性的二选一的选择关系，这些成分在句中作宾语。

从宋代开始，受到“和”“共”等后起的并列连词的冲击，并列连词“与”的使用也开始呈现出衰落之势，金元时代口语性较强的《原本老乞大》等文献中没有并列连词“与”的例子，说明它也逐渐退出了口语系统。

综上，中古时期的并列连词“及”“与”到了近代汉语时期，逐渐退出口语系统，只保留在书面语中了。

此外，到了近代汉语阶段，中古时期的双音节并列连词“并及、爰及、暨于、洎于”在所调查的语料中未检索到。宋代时，虽然双音节并列连词的数量大为减少，但是与此同时，双音节并列连词“以及”的功能得到了进一步的加强。

第二节　强化与扩展：并、以及、共、和

中古汉语并列连词在近代的使用，可从两方面加以考察：一是上古时期已经出现、中古时期沿用下来且功能得到强化的并列连词；二是中古时期萌芽，到了近代较为活跃且功能得到扩展的并列连词。

在近代汉语中，中古时期单音节的并列连词“并（並）、共、和”和双音节的并列连词“以及”沿用下来，且连接功能得到加强或扩展。

一、并

近代汉语中，并列连词“并”有连接两项体词性成分、连接多项体词性成分、连接谓词性成分，以及“并……亦/也/都……”关联结构的用法。

1. 连接两项体词性成分

①尝有坐客二十余人，逐一称赞，独不及一胡僧并一临海人。（《朱子语类》卷第一百三十六）

②据着生的年月，演的岁数，不是个义夫节妇，休想得五男并二女，死得交灭门绝户！（《元刊杂剧三十种·诈妮子调风月》）

③不是洪信并洪义，认是沙三李四叔。（《刘知远诸宫调》）

④又让那些送行的亲友先行，然后才带华忠并一应家人回到庄园。（《儿女英雄传》第二回）

⑤日落天黑，不料有冒烟的炉，并烧着的火把，从那些肉块中经过。（《圣经·创世记》15：17和合本）

以上例句中，“并”与其连接的两项体词性成分组成的短语“一胡僧并一临海人”“五男并二女”“洪信并洪义”“华忠并一应家人”“冒烟的炉，并烧着的火把”分别作动词“及”“得”“信”“带”“有”的宾语。

“并”又作“並”。

⑥投到年终行货都卖了，又买了这些马並毛施布来了。(《原本老乞大》)

⑦其所食乃蚂蚱並野蜜。(《神天新遗诏书·马窦传福音之书》3:4)

⑧且伊等即离船並父而从之也。(《神天新遗诏书·马窦传福音之书》4:22)

“並”与其连接的成分组成的短语“马並毛施布”“蚂蚱並野蜜”“船並父”分别作动词“买”“食”“离”的宾语。

2. 连接多项体词性成分

⑨传云，天下有三处大水：曰黄河，曰长江，并鸭绿是也。(《朱子语类》卷第八十六)

⑩长子是乌斯，他的兄弟是布斯和亚兰的父亲基母利，并基薛、哈琐、必达、益拉、彼土利。(《圣经·创世记》22:21—22和合本)

⑪愿神赐你天上的甘露，地上的肥土，并许多五谷新酒。(《圣经·创世记》27:28和合本)

以上例句中的“曰黄河，曰长江，并鸭绿”“基母利，并基薛、哈琐、必达、益拉、彼土利”“天上的甘露，地上的肥土，并许多五谷新酒”分别作动词“有”“是”“赐”的宾语。

“并”在连接多项体词性成分时，可与其他并列连词连用。

⑫刘大娘子当日往法场上看决了静山大王，又取其头祭献亡夫并小娘子及崔宁，大哭一场。(《错斩崔宁》)

⑬那太太同公子并内外家人不肯就睡，还在那里左盼右盼。（《儿女英雄传》第一回）

⑭神说："地要发生青草和结种子的菜蔬，并结果子的树木，各从其类，果子都包着核。"事就这样成了。（《圣经·创世记》1：11和合本）

⑮神说："我们要照着我们的形像，按着我们的样式造人，使他们管理海里的鱼、空中的鸟、地上的牲畜和全地，并地上所爬的一切昆虫。"（《圣经·创世记》1：26和合本）

例⑫中，"并"与"及"连用，所连接的三项体词性成分"亡夫""小娘子""崔宁"作动词"祭献"的宾语；例⑬中，"并"与"同"连用，所连接的三项体词性成分"那太太""公子""内外家人"作主语；例⑭、例⑮中，"并"与"和"连用，"青草和结种子的菜蔬，并结果子的树木""海里的鱼、空中的鸟、地上的牲畜和全地，并地上所爬的一切昆虫"分别作动词"发生""管理"的宾语。此外，还有"并"和"与""和"连用的例子。

⑯神说："我与你们并你们这里的各样活物所立的永约是有记号的。"（《圣经·创世记》9：12和合本）

⑰以扫带着他的妻子、儿女与家中一切的人口，并他的牛羊、牲畜和一切货财，就是他在迦南地所得的，往别处去，离了他兄弟雅各。（《圣经·创世记》36：6和合本）

例⑯中，"并""与"连用，"我与你们并你们这里的各样活物"作主语；例⑰中，"与""并""和"连用，"他的妻子、儿女与家中一切的人口，并他的牛羊、牲畜和一切货财"作动词"带着"的宾语。

3. 连接谓词性成分

⑱待你久后身荣并奋发，把三斗咸盐须吃他。（《刘知远诸宫调》）

⑲故守猪逃去入城而报各情并怀鬼风者所遇也。(《神天新遗诏书·马窦传福音之书》8:32)

⑳利百加有一个哥哥,名叫拉班,看见金环,又看见金镯在他妹子的手上,并听见他妹子利百加的话,说那人对我如此如此说。拉班就跑出来往井旁去,到那人跟前。(《圣经·创世记》24:29—30和合本)

㉑那仆人从他主人的骆驼里取了十匹骆驼,并带些他主人各样的财物,起身往美索不达米亚去,到了拿鹤的城。(《圣经·创世记》24:10和合本)

㉒那时你们近前来,站在山下,山上有火焰冲天,并有昏黑、密云、幽暗。(《圣经·申命记》4:11和合本)

以上例句中,"并"与其连接的谓词性成分组成的短语"身荣并发奋""入城而报各情并怀鬼风者所遇""看见金镯在他妹子的手上,并听见他妹子利百加的话""取了十匹骆驼,并带些他主人各样的财物""有火焰冲天,并有昏黑、密云、幽暗"分别是前面的主语"你""守猪""拉班""那仆人""山上"的谓语。

4."并……亦/也/都……"关联结构

㉓大王明日广排天仗,远出城南,将百万之精兵,并太子亦随驾幸。(《敦煌变文·八相变》)

㉔但是入殓用的,都买了;并家里一应物件,也都买了。(《水浒全传》第二十五回)

㉕又熟看久之,方敢决定断说这说是,那说不是。这一部《诗》,并诸家解都包在肚里。(《朱子语类》卷第八十)

㉖犹大又对他父亲以色列说:"你打发童子与我同去,我们就起身下去,好叫我们和你,并我们的妇人孩子,都得存活,不至于死。"(《圣经·创世记》43:8和合本)

㉗当日,拉班把有纹的、有斑的公山羊,有点的、有斑的、

有杂白纹的母山羊,并黑色的绵羊,都挑出来,交在他儿子们的手下。(《圣经·创世记》30:35 和合本)

㉘ 拉班进了雅各、利亚,并两个使女的帐棚,都没有搜出来,就从利亚的帐棚出来,进了拉结的帐棚。(《圣经·创世记》31:33 和合本)

㉙ 他夜间起来,带着两个妻子、两个使女,并十一个儿子都过了雅博渡口。(《圣经·创世记》32:22 和合本)

㉚ 又把他们一切货财、孩子、妇女,并各房中所有的,都掳掠去了。(《圣经·创世记》34:29 和合本)

㉛ 这些,你们要献在常献的燔祭和同献的素祭并同献的奠祭以外,都要没有残疾的。(《圣经·民数记》28:31 和合本)

㉜ 你和你的军队,并同着你的列国人,都必倒在以色列的山上。(《圣经·以西结书》39:4 和合本)

以上例句中,例 ㉓ 是"并……亦……"结构,"并"与其连接的成分组成的短语是"百万之精兵,并太子";例 ㉔ 是"并……也……"结构,"并"与其连接的成分组成的短语是"入殓用的,并家里一应物件";后面的例子均是"并……都……"结构,"并"与其连接的成分组成的短语"这一部《诗》,并诸家解""我们和你,并我们的妇人孩子""有纹的、有斑的公山羊,有点的、有斑的、有杂白纹的母山羊,并黑色的绵羊""雅各、利亚,并两个使女""两个妻子、两个使女,并十一个儿子""他们一切货财、孩子、妇女,并各房中所有的""常献的燔祭和同献的素祭并同献的奠祭""你和你的军队,并同着你的列国人",是后面的"都"所关联的谓词性成分的同一施事或受事。

宋代以后,随着副词"也""都"的兴起(杨荣祥,2005),"也""都"开始进入"并……亦……"结构中,并逐步替代了"亦"。这种兴替的出现,说明"并……亦……"的连接功能在近代汉语中不但没有衰落，反而加强了。

二、以及

近代汉语中，双音节并列连词“以及”有连接两项体词性成分、连接多项体词性成分、连接谓词性成分、“以及……也/都……”关联结构的用法。

1．连接两项体词性成分

①若自元帅府特选立赵氏一人，不惟恩德有归，城中以及外房立便安帖。(《三朝北盟会编》)

②其中家庭闺阁琐事，以及闲情诗词倒还全备，或可适趣解闷，然朝代年纪，地舆邦国，却反失落无考。(《红楼梦》第一回)

③在他们的地上以及王宫的内室，青蛙多多滋生。(《圣经·诗篇》105:30和合本)

④到了半夜，耶和华把埃及地所有的长子，就是从坐宝座的法老，直到被掳囚在监里之人的长子，以及一切头生的牲畜，尽都杀了。(《圣经·出埃及记》12:29和合本)

例①、例②中的“城中以及外房”“家庭闺阁琐事，以及闲情诗词”作主语；例③、例④中的“他们的地上以及王宫的内室”“埃及地所有的长子，就是从坐宝座的法老，直到被掳囚在监里之人的长子，以及一切头生的牲畜”分别作介词“在”“把”的宾语。

2．连接多项体词性成分

⑤唐之韩文公，本朝之欧阳公，以及闽洛诸公，既皆阐明正道以排释氏，而其言之要切，如傅奕本传，宋景文《李蔚赞》，东坡《储祥观碑》，陈后山《白鹤宫记》，皆足以尽见其失。(《朱

子语类》卷第一百二十六）

⑥你身所生的，地所产的，牲畜所下的，以及牛犊、羊羔，都必蒙福。（《圣经·申命记》28:4和合本）

以上例句中，并列连词“以及”与其连接的体词性成分组成的短语“唐之韩文公，本朝之欧阳公，以及闽洛诸公”“你身所生的，地所产的，牲畜所下的，以及牛犊、羊羔”作主语。

⑦观禹用功，初只在冀以及兖、青、徐、雍，却不甚来东南。（《朱子语类》卷第七十九）

⑧因泛论历代以及本朝太宗真宗之朝，可以有为而不为。（《朱子语类》卷第一百二十七）

⑨旁边又歇着倒站驴子，二把手车子，以及肩挑的担子，背负的背子，乱乱烘烘，十分热闹。（《儿女英雄传》第四回）

⑩论约瑟说：愿他的地蒙耶和华赐福，得天上的宝物、甘露，以及地里所藏的泉水。（《圣经·申命记》33:13和合本）

以上例句中的“冀以及兖、青、徐、雍”“历代以及本朝太宗真宗之朝”“倒站驴子，二把手车子，以及肩挑的担子，背负的背子”“天上的宝物、甘露，以及地里所藏的泉水”，分别在句中作“在”“泛论”“歇着”“得”的宾语。

“以及”在连接多项体词性成分时，可与“并”“和”“与”等并列连词连用。

⑪摩西将耶和华为以色列的缘故向法老和埃及人所行的一切事，以及路上所遭遇的一切艰难，并耶和华怎样搭救他们，都述说与他岳父听。（《圣经·出埃及记》18:8和合本）

⑫兽就开口向神说亵渎的话，亵渎神的名并他的帐幕，以及那些住在天上的。（《圣经·启示录》13:6和合本）

“以及”“并”两个并列连词连用，在例⑪中，将“耶和华为以色列的缘故向法老和埃及人所行的一切事”“路上所遭遇的一切艰难”“耶和华怎样搭救他们”三项成分连在一起，作介词“将”的宾语；在例⑫中，将“神的名”“他的帐幕”“那些住在天上的”三项成分连在一起，作动词“亵渎”的宾语。

⑬你的五谷、新酒，和油，以及牛犊、羊羔，都不给你留下，直到将你灭绝。（《圣经·申命记》28：51和合本）

⑭今日，你们的首领、族长、长老、官长、以色列的男丁，你们的妻子儿女，和营中寄居的，以及为你们劈柴挑水的人，都站在耶和华你们的神面前。（《圣经·申命记》29：10—11和合本）

“以及”“和”两个并列连词连用，在例⑬中，将“你的五谷、新酒”“油”“牛犊、羊羔”连在一起，作主语；在例⑭中，将“你们的首领、族长、长老、官长、以色列的男丁，你们的妻子儿女”“营中寄居的”“为你们劈柴挑水的人”连在一起，作主语。

⑮耶和华必待他们，如同从前待他所灭绝的亚摩利二王西宏与噩以及他们的国一样。（《圣经·申命记》31：4和合本）

以上例句“以及”“与”两个并列连词连用，将“西宏”“噩”“他们的国”三项成分连在一起，作前面的动词“灭绝”的宾语。

⑯将你们的燔祭、平安祭、十分取一之物，和手中的举祭，并还愿祭、甘心祭，以及牛群羊群中头生的，都奉到那里。（《圣经·申命记》12：6和合本）

⑰耶和华说：“我要将所造的人和走兽，并昆虫，以及空中的飞鸟，都从地上除灭，因为我造他们后悔了。”（《圣经·创世记》6：7和合本）

“以及”“和”“并”三个并列连词连用，在例⑯中将“你们的燔祭、平安祭、十分取一之物”“手中的举祭”“还愿祭、甘心祭”“牛群羊群中头生的”连在一起，在例⑰中将“人”“走兽”“昆虫”“空中的飞鸟”连在一起，都作“将”的宾语。

⑱这样，扫罗和他三个儿子，与拿他兵器的人，以及跟随

他的人，都一同死亡。（《圣经·撒母耳记上》31：6和合本）

以上例句“以及”“和”“与”三个并列连词连用，将“扫罗”“他三个儿子”“拿他兵器的人”“跟随他的人”四项成分连在一起，作主语。

⑲守节的时候，你和你儿女、仆婢，并住在你城里的利未人，以及寄居的与孤儿寡妇，都要欢乐。（《圣经·申命记》16：14和合本）

⑳这些是在月朔的燔祭和同献的素祭，并常献的燔祭与同献的素祭，以及照例同献的奠祭以外，都作为馨香的火祭献给耶和华。（《圣经·民数记》29：6和合本）

㉑又建造所有的积货城，并屯车和马兵的城，与耶路撒冷、黎巴嫩，以及自己治理的全国中所愿建造的。（《圣经·列王纪上》9：19和合本）

“以及”“和”“并”“与”四个并列连词连用，在例⑲中将“你”“你儿女、仆婢”“住在你城里的利未人”“寄居的”“孤儿寡妇”连在一起，作主语；在例⑳中将“月朔的燔祭”“同献的素祭”“常献的燔祭”“同献的素祭”“照例同献的奠祭”连在一起，作“在”的宾语；在例㉑中将“所有的积货城”“屯车”“马兵的城”“耶路撒冷、黎巴嫩”“自己治理的全国中所愿建造的”连在一起，作“建造”的宾语。

3. 连接谓词性成分

㉒那长一辈的，想他素日孝顺；平一辈的，想他素日和睦亲密；下一辈的，想他素日慈爱，以及家中仆从老小想他素日怜贫惜贱、慈老爱幼之恩，莫不悲嚎痛哭。（《红楼梦》第十三回）

㉓又买木料和凿成的石头，修理耶和华殿的破坏之处，以及修理殿的各样使用。（《圣经·列王纪下》12：12和合本）

㉔他进圣所到耶和华面前，以及出来的时候，袍上的响

声必被听见，使他不至于死亡。（《圣经·出埃及记》28：35和合本）

例㉒中，并列连词"以及"连接的谓词性成分"那长一辈的，想他素日孝顺；平一辈的，想他素日和睦亲密；下一辈的，想他素日慈爱""家中仆从老小想他素日怜贫惜贱、慈老爱幼之恩"是"想"的内容，作后面的动词"悲嚎痛哭"的主语；例㉓中的"修理耶和华殿的破坏之处""修理殿的各样使用"是前面的动作"买木料和凿成的石头"的目的；例㉔中的"进圣所到耶和华面前""出来"是前面的主语"他"的动作。

4．"以及……也/都……"关联结构

㉕凡在埃及地，从坐宝座的法老，直到磨子后的婢女，所有的长子，以及一切头生的牲畜，都必死。（《圣经·出埃及记》11：5和合本）

㉖于是以色列从但到别是巴，以及住基列地的众人都出来，如同一人，聚集在米斯巴耶和华面前。（《圣经·士师记》20：1和合本）

㉗这些是在月朔的燔祭和同献的素祭，并常献的燔祭与同献的素祭，以及照例同献的奠祭以外，都作为馨香的火祭献给耶和华。（《圣经·民数记》29：6和合本）

㉘耶和华说："我要将所造的人和走兽，并昆虫，以及空中的飞鸟，都从地上除灭，因为我造他们后悔了。"（《圣经·创世记》6：7和合本）

㉙将被掳掠的一切财物夺回来，连他侄儿罗得和他的财物，以及妇女、人民也都夺回来。（《圣经·创世记》14：16和合本）

以上"以及……也/都……"结构将"从坐宝座的法老，直到磨子后的婢女，所有的长子""一切头生的牲畜"，"以色列从但到别是巴""住基列地的众人"，"在月朔的燔祭和同献的素祭,并常献的燔祭与同献的素祭”“照例同献的奠祭”,“所造的人和走兽,并昆虫”“空中的飞鸟”,“他侄儿罗得和他的财物”“妇女、人民”连在一起,表“连带”“甚至”的意思。

并列连词“以及”在近代汉语中出现连接多项体词性成分、“以及……也/都……”关联结构和连接谓词性成分的用法,是其连接功能在被连接成分的数量和性质上的复杂化,是其连接功能的扩展。

综上所述,中古时期的“并”“以及”等并列连词到了近代,不但没有退出口语系统,反而在书面语中使用得更普遍了。尤其突出的是,在近代汉语中,“并”出现了“并……也/都……”、“以及”出现了“以及……也/都……”关联结构,以及连接多项体词性成分、连接谓词性成分的用法,说明它们是近代汉语中较为活跃的两个并列连词。

三、共

到了近代汉语中,“共”除了连接两项体词性成分外,还扩展出连接两项谓词性成分的功能。而连接两项谓词性成分时,又可分为作主语、宾语和作谓语两类用法,其被连接成分之间的逻辑语义关系有所不同。

1. 连接两项体词性成分

①也不须香共灯,酒共果,但得那腔子里的热血往空泼,超度了哥哥发奠我!(《元刊杂剧三十种·关张双赴西蜀梦》)

②送路酒手中擎,送行礼盘中托。没乱杀侄儿共嫂嫂。(《元刊杂剧三十种·关大王单刀会》

例①中,并列连词“共”与其连接的成分组成的短语“香共灯”“酒共果”作前面的动词“须”的宾语;例②中,“侄儿共嫂嫂”作前面的动词“杀”的宾语。

③小园东，花共柳，红紫又一齐开了。引将蜂蝶燕和莺。成阵价、忙忙走。　花心偏向蜂儿有。莺共燕、吃他拖逗。蜂儿却入、花里藏身，胡蝶儿、你且退后。（柳永《红窗迥》）

④不看经干断了二十年荤，怕回席整受了三十年闷。我共那受用人，都一般白发侵双鬓。（《元刊杂剧三十种·散家财天赐老生儿》）

以上例句中，并列连词“共”与其连接的成分组成的短语“花共柳”“莺共燕”“我共那受用人”分别作“开”“吃”“白发侵双鬓”的主语。

2. 连接两项谓词性成分

⑤抬脚不知深共浅。（《刘知远诸宫调》）

⑥但得一个残疾小厮来，兴衰，天数该，将时辰问甚好共歹。（《元刊杂剧三十种·散家财天赐老生儿》）

以上例句中，并列连词“共”与其连接的谓词性成分组成的短语“深共浅”“好共歹”分别作动词“不知”“问”的宾语。

⑦将军每俺这死共活则在他手心中，意里道不杀了成何用。（《元刊杂剧三十种·诸葛亮博望烧屯》）

以上例句中，并列连词“共”与其连接的两项谓词性成分组成的短语“死共活”作后面动词“在”的主语。

⑧那厮身材长共短？肌骨瘦和肥？他是面皮黑面皮黄？（《元刊杂剧三十种·张鼎智勘魔合罗》）

⑨湖海江河浅共深？曾将此棒知之切。（《西游记》第八十八回）

以上例句中，“共”与其连接的谓词性成分组成的短语“长共短”“浅共深”分别作主语“那厮身材”“湖海江河”的谓语。

“共”所连接的两项谓词性成分，在作谓语时与作主语或宾语时，两者之间的关系不同：作谓语的两项成分之间是选择关系，而作主语或宾语的两项成分之间是并列关系。

表 6："共" 所连接成分间的逻辑语义关系对比表

功能	例句	逻辑语义关系	词义	连词性质
主语或宾语	未知生共死何如	并列	和，以及	并列连词
谓语	那斯身材长共短	选择	还是	选择连词

从上表中可以看出，当 "共" 所连接的两项谓词性成分作主语或宾语时，被连接成分之间是兼容性并列关系，两者可以同时存在。例句的意思是 "未知生如何，也未知死如何"，这时，"共" 的意思是 "和" 或 "以及"，"共" 仍为并列连词。当 "共" 所连接的两项成分作谓语时，被连接成分之间是二选一的排斥性选择关系，只能取其一。如例子中，人的身材只能有长或短其中之一，而不能兼有两者，这样 "共" 可以翻译成 "还是"，"共" 是选择连词。

连接谓词性成分、作主语或宾语的并列连词 "共"，是连接体词性成分的 "共" 的功能扩展："共" 的连接功能由体词性成分向谓词性成分扩展。而连接谓词性成分、作谓语的 "共" 是句法结构上的复杂化，导致 "共" 所连接的成分之间的逻辑语义关系发生改变，从而使 "共" 的连接性质发生改变，由并列连词转变为选择连词。前者的变化是聚合关系的改变，而后者属于组合关系的改变，由此得出结论：聚合关系的改变，不能改变连词的性质；而组合关系的改变，则使连词的性质发生转变。并列连词功能扩展的动因是聚合关系的变化，而连词性质改变的动因是组合关系的变化。

四、和

在近代，并列连词“和”的句内与句际连接功能都得到了极大的发展。在句内方面，“和”有连接两项体词性成分和连接两项谓词性成分的功能。而连接两项谓词性成分时，又可分为作主语、宾语和作谓语两类用法，其被连接成分之间的逻辑语义关系有所不同。在句际方面，“和……也/都……”关联结构所连接的成分之间的逻辑语义关系更加复杂。下面先从句内的角度描写“和”的功能，然后再从句际的角度描写“和……也/都……”关联结构的功能扩展。

1. 连接两项体词性成分

①素衣匹马单刀会，觑敌军如儿戏，不若土和泥。(《元刊杂剧三十种·关张双赴西蜀梦》)

②穷的每饥难受，冷难捱，我散与钱和绢，米和柴。(《元刊杂剧三十种·散家财天赐老生儿》)

③劝姑娘不要伤心想家，跟着老太太和舅母，即同家里一样。(《红楼梦》第三回)

以上例句中，并列连词“和”与其连接的体词性成分组成的短语“土和泥”作动词“若”的宾语，“钱和绢，米和柴”作动词“散与”的宾语，“老太太和舅母”作动词“跟着”的宾语。

④虏中法，偏旁字皆讳。如“敬”字和“儆”字皆讳。(《朱子语类》卷第一百三十八)

⑤腾腾腾马荡动征尘，隐隐隐人盘在杀雾，吁吁吁马和人都气促。(《元刊杂剧三十种·汉高皇濯足气英布》)

⑥袭人和平儿同往前去，让平儿到房里坐坐，再喝一杯茶。(《红楼梦》第三十九回)

以上例句中，并列连词“和”与其连接的体词性成分组成的短语"'敬'字和'儆'字""马和人""袭人和平儿"分别作"讳""气促""同往前去"的主语。

2. 连接两项谓词性成分

⑦雪似梅花,梅花似雪。似和不似都奇绝。(吕本中《踏莎行》)

⑧多少恨,今犹昨。愁和闷,都忘却。(张先《满江红》)

⑨是和非,双打过。免共相魔生火。(张继先《更漏子》)

以上例句中,并列连词"和"与其连接的谓词性成分组成的短语"似和不似""愁和闷""是和非"作主语。

此外,"和"所连接的谓词性成分还可作谓语。

⑩忘了临行,酒盏深和浅。(李清照《蝶恋花》)

以上"和"所连接的两项谓词性成分"深""浅"在句中作主语"酒盏"的谓语。这种用法的出现,是最初连接体词性成分的并列连词"和"的连接成分及句法结构双重复杂化的结果:连接成分由体词性成分向谓词性成分扩展,被连接成分的句法功能由主语、宾语向谓语扩展,导致"和"所标示的被连接成分之间的逻辑语义关系由并列向选择扩展,从而使"和"由并列连词转变为选择连词。

3. "和……也/都……"关联结构

宋代以后,"和"的连接功能得到较大发展,它不但沿袭了唐代时句内连词的用法,而且向着句际连词的方向发展,"和……也/都……"关联结构大量使用。根据前后分句所用动词的情况,"和……也/都……"关联结构分为相同和不同两种形式。

(1)前后分句动词相同。

与前面所讨论的"及""并"作为句际连词的结构和功能一样,"和NP也/都VP"关联结构连接两个并列分句,前后分句的动词相同，其结构为“NP1VP，和 NP2 也 / 都 VP”。

⑪ 若水清，则宝珠在那里也莹彻光明；若水浊，则和那宝珠也昏浊了。(《朱子语类》卷第五十九)

⑫ 又云：“礼乐者，皆天理之自然。节文也是天理自然有底，和乐也是天理自然有底。”(《朱子语类》卷第八十七)

⑬ 子路譬如脱得上面两件鏖糟底衣服了，颜子又脱得那近里面底衣服了，圣人则和那里面贴肉底汗衫都脱得赤骨立了。(《朱子语类》卷第二十九)

⑭ 如有一项事可喜，自家正喜，蓦见一可怒底事来，是当怒底事，却以这喜心处之，和那怒底事也喜了，便是不得其正。(《朱子语类》卷第十六)

以上例句中，“和那宝珠也昏浊了”“和乐也是天理自然有底”“和那里面贴肉底汗衫都脱得赤骨立了”“和那怒底事也喜了”的 VP，与各自前面分句的 VP “浊”“自然有底”“脱”“喜”是一致的。

这种结构可视为连接体词性成分的并列连词“和”的连接功能由句内向句际的扩展，是“NP1+ 和 +NP2+VP”结构分裂复杂化的结果。即：

NP1+ 和 +NP2+VP → NP1VP，和 NP2 也 / 都 VP

（2）前后分句动词不同。

虽然前后分句的 VP 不完全一样，但两个分句陈述同一个主题，构成“不惟 / 非唯 / 岂特 NP1VP1，和 NP2 也 / 都 VP2”结构。

⑮ 他也是做得个贼起，不惟窃国之柄，和圣人之法也窃了！(《朱子语类》卷第一百四十)

⑯ 前为人，只是欲见知于人而已。后为人，却是真个要为

人。然不曾先去自家身已上做得工夫，非唯是为那人不得，末后和已也丧了！（《朱子语类》卷第四十四）

⑰私欲之害，岂特是仁，和义礼智都不见了。（《朱子语类》卷第二十）

“不惟窃国之柄，和圣人之法也窃了”“非唯是为那人不得，末后和己也丧了”“岂特是仁，和义礼智都不见了”中，“不惟/非唯/岂特……和……也/都……”所关联的前后成分之间，在逻辑语义上具有表递进的显性标记“不惟”“非唯”“岂特”，所以“和”字前后分句之间具有递进关系。“和NP也/都VP”出现在递进复句的后一分句中，它所在的分句比前面分句的逻辑语义更进一层。

随着“和”的句际连接功能的扩展，其性质也开始由并列连词向递进连词的方向转化，同时“和”的使用也越来越不自由，“和NP也/都VP”结构越来越黏着固化。

综上，中古后期兴起的并列连词“共”与“和”，在近代汉语中得到了极大的发展。句内和句际的连接功能都得以扩展，且因着句法结构的复杂化，“共”由并列连词向选择连词演变，“和”由并列连词向递进连词演变，呈现出一种由实到虚的演变趋势：客观性逐渐减弱，主观性逐渐增强。

第三节　新出现的并列连词：连、同、併、兼和、跟

在近代，汉语并列连词系统新出现的并列连词有单音节的“连、同、併、跟”以及双音节的“兼和”等。下面分别描写这些词的用法和来源，以及它们各自的功能扩展。

一、连

在近代，并列连词“连”的兴起与发展集中表现在如下方面：除了句内连接两项体词性成分并扩展出连接多项体词性成分的功能外，还通过“连……也／都／也都……”关联结构使句际连接功能得到了极大的发展。下面先从句内和句际的角度描写“连”的用法，然后讨论其来源。

（一）用法

1．连接体词性成分

“连”可以连接两项体词性成分。

①快顿脱了金枷连玉锁，早毕罢了燕侣共莺俦。（《元刊杂剧三十种·陈季卿悟道竹叶舟》）

②尔不能服事神连财帛也。（《神天新遗诏书·马窦传福音之书》6：24）

③尔既开鱼口则遇一块银子，取而给之为我连尔之贡也。（《神天新遗诏书·马窦传福音之书》17：27）

④耶稣入神之堂，逐诸在堂做买卖者，又推倒换钱者之柜连卖鸽者之椅也。（《神天新遗诏书·马窦传福音之书》21：12）

⑤凡属基督耶稣的人，是已经把肉体连肉体的邪情私欲同钉在十字架上了。（《圣经·加拉太书》5:24和合本）

⑥盖其使太阳起向恶连善，又使雨下与义连不义者之上也。（《神天新遗诏书·马窦传福音之书》5:45）

⑦既如此，我得上岸迎一迎。你大家连姑娘且不必动，那边许多人夫拥挤在船上，没处躲避，索性等安好了再过去罢。（《儿女英雄传》第二十二回）

例①、例②、例③、例④中，"连"与其连接的成分组成的短语"金枷连玉锁""神连财帛""我连尔""换钱者之柜连卖鸽者之椅"分别作前面动词"脱""服事""为""推倒"的宾语；例⑤、例⑥中，"连"与其连接的成分"肉体连肉体的邪情私欲""恶连善""义连不义者"，分别作前面的介词"把""向""与"的宾语；例⑦中，"连"与其连接的成分"你大家连姑娘"作后面的动词"不必动"的主语。

"连"还可以连接多项体词性成分。

⑧紧接着张老夫妻把煮的肘子、肥鸡，连饭锅、小菜、酱油、蒜片、饭碗、匙箸，分作两三荡都搬运了来。（《儿女英雄传》第九回）

⑨此外便是莫友士先生的少君，吴侍郎的令侄；还有安公子两三个同案秀才，连老少二位程师爷、张乐世、褚一官。（《儿女英雄传》第二十八回）

例⑧中，并列连词"连"共连接八项体词性成分，"煮的肘子、肥鸡，连饭锅、小菜、酱油、蒜片、饭碗、匙箸"作"把"的宾语；例⑨中，并列连词"连"共连接四项体词性成分，"安公子两三个同案秀才，连老少二位程师爷、张乐世、褚一官"作动词"有"的宾语。这种用法是并列连词"连"的连接功能在所连接成分数量上的扩展。

2. “连……也/都/也都……”关联结构

宋代以后,“连”的连接功能得到较大发展,它不但有句内连词的用法,而且向着句际连词的方向发展,“连……也/都/也都……”关联结构大量出现。根据前后分句所用动词的情况,“连……也/都/也都……”关联结构分为所用动词相同和所用动词不同两种形式。

(1)前后分句动词相同。

与前面所讨论的“及”“并”“和”作为句际连词的结构和功能一样,“连NP也/都/也都VP”关联结构连接两个并列分句,其结构形式为“NP1VP,连NP2也/都/也都VP”,“连”前后的VP相同,分句之间为并列关系。

⑩这个是转水车相似,只拨转机关子,他自是转,连那上面磨子筛箩一齐都转,自不费力。(《朱子语类》卷第一百二十一)

⑪那店小二那里敢过来,连那正要买肉的主顾,也不敢拢来。(《水浒全传》第三回)

⑫这句话公子可断断不得明白了!不但公子不得明白,就是听书的也未必得明白,连我说书的也不得明白。(《儿女英雄传》第四回)

⑬那骡子护疼,把脑袋一拨甩,就把骑着的人掀了下来,连那脖子底下拴的铃铛也甩掉了,落在地下。(《儿女英雄传》第五回)

⑭不然,我主请听。我送给你这块田,连田间的洞也送给你,在我同族的人面前都给你,可以埋葬你的死人。(《圣经·创世记》23:11和合本)

⑮你的仆人,从幼年直到如今,都以养牲畜为业,连我们的祖宗也都以此为业。(《圣经·创世记》46:34和合本)

⑯将被掳掠的一切财物夺回来,连他侄儿罗得和他的财

物，以及妇女、人民也都夺回来。（《圣经·创世记》14:16 和合本）

以上例句中的 VP “转”“敢”“明白”“甩”“送”“为业”“夺回来”在前后两个分句中使用一致，“连”前后分句中的 VP 相同。此外，例⑮、例⑯中，“连”后面所关联的副词“也”“都”连用。

（2）前后分句动词不同。

虽然前后分句的 VP 不完全一样，但两个分句陈述同一个主题，构成“（递进连词）NP1VP1，连 NP2 也 / 都 / 也都 VP2”结构。

⑰非惟是功效不见，连那所做底事都坏了。（《朱子语类》卷第四十二）

⑱不但不必抄给人看，连你也不必看。（《儿女英雄传》第一回）

⑲慢说施公的尽忠报国无人不知，就连那黄天霸的老儿飞镖黄三太，我都赶上见过的。（《儿女英雄传》第三十二回）

⑳如果要照那等体裁，岂但老兄的子女，连嫂夫人的姓氏，以至你生于何年月日，将来殁于何年月日、葬于某处，都要入在后面。（《儿女英雄传》第三十九回）

㉑老爷道：“不消嘱咐，既如此商定，岂但不提方才的话，并且连这弹弓也先不好提起。我自有道理。”（《儿女英雄传》第十四回）

㉒到了自己的贴身儿的东西，莫说男子，连自己亲娘都有见不得的时候。（《儿女英雄传》第二十六回）

㉓倘若不知，一时触犯了这样的人家，不但官爵，只怕连性命还保不成呢！（《红楼梦》第四回）

㉔果然不明白这话，不但我素日之意白用了，且连你素日

待我之意也都辜负了。(《红楼梦》第三十二回)

㉕看王爷面上,敢烦老大人作主。不但王爷知情,且连下官辈亦感谢不尽。(《红楼梦》第三十三回)

㉖远超过一切执政的、掌权的、有能的、主治的,和一切有名的,不但是今世的,连来世的也都超过了。(《圣经·以弗所书》1:21和合本)

㉗我们既是这样爱你们,不但愿意将神的福音给你们,连自己的性命也愿意给你们,因你们是我们所疼爱的。(《圣经·帖撒罗尼迦前书》2:8和合本)

㉘神的道是活泼的,是有功效的,比一切两刃的剑更快,甚至魂与灵、骨节与骨髓,都能刺入、剖开,连心中的思念和主意都能辨明。(《圣经·希伯来书》4:12和合本)

以上例句中,前面的分句由递进连词"非惟""不但""慢说""岂但""莫说""不但""甚至"引导,后面的"连"字关联结构所引导的成分构成后一分句。前后分句合在一起,构成递进复句。"连"后关联的副词有"都""也""也都""亦"等。这种结构中,"连"前后分句中的VP虽不完全相同,但是它们的语义相近,两句共同描述同一个主题。由于"连"引导的分句与前面的分句形成预设上的对比,所以前后分句在逻辑语义上具有递进关系。

随着"连"的句际连接功能的扩展,其前后分句之间的逻辑语义关系也开始由并列向递进的方向转化,但递进复句的显性标记是递进连词"不但"等,而非"连",所以"连"作为句际并列连词的性质仍未改变。不过,随着"连"的频繁使用,"连NP也/都/也都VP"结构越来越黏着固化,"连"的使用也越来越不自由,其作为并列连词的功能越来越弱。

(二)来源

《说文·辵部》:“连,员连也。从辵,从车。”段注改“员连也”为“负车也”。这样看,“连”本是一个动词。“连”之所以能发展成连词,是因为“人与车相属不绝,故引申为连属字”[1]。

“连”作动词,后面可带宾语,形成“连NP”结构。

㉙夙沙卫连大车以塞隧而殿。(《左传·襄公十八年》)

当“连NP”后面出现其他VP,形成“连NP+VP”结构时,“连”语法化为连带义介词。

㉚尝发所在竹篙,有一官长连根取之,仍当足,乃超两阶用之。(《世说新语·政事》)

㉛愿为连根同死之秋草,不作飞空之落花。(李白《代寄情楚词体》)

㉜龙朔年已来,百姓饮酒作令云:“子母相去离,连台拗倒。”子母者,盏与盘也;连台者,连盘拗倒盏也。(《朝野佥载》卷一)

当“连”前后的NP1、NP2都出现,形成“NP1连NP2+VP”结构时,“连”具备了被重新分析的可能性。

㉝犬马牛羊成群连队,便有朋友。(《朱子语类》卷第二十四)

㉞把那些城和全平原,并城里所有的居民,连地上生长的,都毁灭了。(《圣经·创世记》19:25和合本)

例㉝中的“群连队”可被视为一个整体。例㉞中,因有总括标记“都”,所以“连”是连接体词性成分“城里所有的居民”“地上生长的”的并列连词,“城里所有的居民,连地上生长

[1]段玉裁注:“连即古文‘辇’也。……负车者,人挽车而行,车在后如负也。……人与车相属不绝,故引申为连属字。”

的”可被视为一个整体,作后面的动词“毁灭”的主语。

二、同

“同”作并列连词始见于宋代,只有句内连词的用法,分为连接体词性成分和连接谓词性成分两种形式。当它连接体词性成分时,又可分为连接两项体词性成分和连接多项体词性成分两种情况。

(一)用法

1. 连接两项体词性成分

①彦通同仆出馆,归宣司,具告童贯。贯惊愕,令彦通与仆列衔供状。(《三朝北盟会编》)

②外末下了。净同外旦上了。(《元刊杂剧三十种·看钱奴买冤家债主》)

③两公子同蘧公孙都走出厅上。(《儒林外史》第十一回)

④我确语尔知,以征饷辈同娼妓先尔而进神之国也。(《神天新遗诏书·马窦传福音之书》21:31)

⑤虽我同汝死,亦不致言不认得汝。(《神天新遗诏书·马窦传福音之书》26:35)

⑥昼夜在这里,那红玉同众丫鬟也在这里守着宝玉,彼此相见多日,都渐渐混熟了。(《红楼梦》第二十六回)

以上例句中,“同”与其连接的两项并列体词性成分组成的短语“彦通同仆”“净同外旦”“两公子同蘧公孙”“征饷辈同娼妓”“我同汝”“那红玉同众丫鬟”作主语。

如果没有下文,不容易判断“彦通同仆出馆”中的“同”是伴随介词还是并列连词，但是根据下文“贯惊愕，令彦通与仆列衔供状”一句中“彦通与仆”作兼语的情况，可以判断出这里把“彦通”和“仆”看成是一个整体，而不是强调“彦通”与“仆”的主次，所以此处的“同”应该是并列连词，而不是介词。与介词引出动作的伴随者不同，并列连词“同”作为逻辑语义的显性标记，其作用就是在相对复杂的语境中，标明它前后的NP1、NP2在逻辑语义上是一个整体，表明不同NP之间的逻辑语义关系和结构层次。

⑦（外末、旦做住了。）（外末同旦与正末礼了。）（正末云：）不想如此！（《元刊杂剧三十种·李太白贬夜郎》）

前一句“外末、旦做住了”的语境相对简单，“外末”与“旦”之间没有连词，也不会出现歧义；后一句“外末同旦与正末礼了”的语境则比较复杂，其中并列连词“同”作为一种逻辑语义关系的显性标记，标明“外末”与“旦”为一个整体，它们共同作“礼”的动作的一方。如果没有并列连词“同”，则逻辑语义和结构层次不明确，而介词“同”则没有这种连接功能。

⑧差察勒玛同赵良嗣往雄州宣抚司取人。（《三朝北盟会编》）

⑨伊等进家时即见婴儿同厥母马利亚。（《神天新遗诏书·马窦传福音之书》2：11）

⑩以征饷辈同娼妓先尔进神之国也。（《神天新遗诏书·马窦传福音之书》21：31）

⑪取婴儿同厥母往去以色耳以勒之地。（《神天新遗诏书·马窦传福音之书》2：20）

⑫取婴儿同厥母来以色耳以勒之地。（《神天新遗诏书·马窦传福音之书》2：21）

⑬其又见两个弟兄洗比氏之子者米士同厥昆若翰在船。

(《神天新遗诏书·马窦传福音之书》4:21)

⑭时见两个弟兄西们称彼多罗同安得路厥昆投网入海。(《神天新遗诏书·马窦传福音之书》4:18)

⑮这日,却好陈巡检撞见真君同罗童远远而来,乃急急向前跪拜。(《清平山堂话本·陈巡检梅岭失妻记》)

⑯你来的头里,我原说叫他同女婿俩人接你去,没得去你就来了。(《儿女英雄传》第四十回)

以上例句中,并列连词“同”与其连接的两项体词性成分组成的短语“差察勒玛同赵良嗣”“婴儿同厥母”“征饷辈同娼妓”“两个弟兄洗比氏之子者米士同厥昆若翰”“两个弟兄西们称彼多罗同安得路厥昆”“真君同罗童”“他同女婿”在句中作兼语。

⑰待看椿同桂,洗馥迈燕山。(无名氏《水调歌》)

⑱正末做将文册同卜兆书一发放在金縢柜中了。(《元刊杂剧三十种·辅成王周公摄政》)

⑲知县叫取长枷,且把武松同这婆子枷了,收在监内。(《水浒全传》第二十七回)

以上例句中,并列连词“同”与其连接的两项体词性成分组成的短语“椿同桂”“文册同卜兆书”“武松同这婆子”在句中作宾语。

2. 连接多项体词性成分

⑳二十六日辛亥,赵良嗣等同使人乌歇、高庆裔到大金军前。(《三朝北盟会编》)

㉑经十余日,良嗣、武仲同李靖、王永福、撒卢拇回,自燕中赴阙,不言所议。(《三朝北盟会编》)

例⑳中,并列连词“同”与其连接的三项体词性成分组成的短语“赵良嗣等同使人乌歇、高庆裔”作主语。例㉑中,并列连词“同”与其连接的五项体词性成分组成的短语“良嗣、武仲同李靖、王永福、撒卢拇”作主语。

这种用法是并列连词“同”在连接成分数量上的复杂化，是连接功能由连接两项成分向连接多项成分的扩展。

3．连接两项谓词性成分

㉒又想他一定是慢慢的制买物件同作衣裳去了。(《老残游记续集》第三回)

以上例句中，并列连词“同”连接的“制买物件”“作衣裳”是两项谓词性成分，“制买物件同作衣裳”作动词“去”的宾语。

这种用法是并列连词“同”所连接成分性质的复杂化，是连接功能由连接体词性成分向连接谓词性成分的扩展。

（二）来源

《说文·冂部》：“同，合会也。从冂从口。”本义是动词。它与“共”是一对同义词，《说文》“共，同也”的解释可为证，文献中也有“共”“同”对举的例子。

㉓伍之人祭祀同福，死丧同恤，祸灾共之。(《国语·齐语》)

㉔蠡曰：“吴越之邦同风共俗，地户之位非吴则越。”(《史记·越王勾践世家》张守节《正义》)

动词“同”可带宾语，构成“同NP”结构。

动词“共”语法化为并列连词后，带动了与“共”词义相近的“同”发生平行虚化。动词“同”的语法化也表现出与“共”类似的过程，具体可分为三步：

第一步，动词“同”出现在连动结构中，“同NP”结构后面出现其他VP，“同”语法化为伴随介词。

㉕吾当挂朝服，同尔缉荷衣。(钱起《酬陶六辞秩归旧居

见柬》）

㉖朝与城阙别，暮同麋鹿归。（马戴《山中寄姚合员外》）

以上例句中，“同”的功能是引进后面动词“缉荷衣”“归”的动作伴随对象“尔”“麋鹿”，“同”是伴随介词。

第二步，在出现交互类动词的语境中，如果伴随介词“同”前面的另一个体词性成分出现，形成“NP1+同+NP2+VP交互”结构时，“同”具备了被重新分析的可能性。

㉗蚕共茧、花同蒂，甚人生要见，底多离别。（吕渭老《贺新郎》）

㉘且伊等同老辈集会相议时，即给大贿与兵丁。（《神天新遗诏书·马窦传福音之书》28：12）

㉙我来以使人与厥父不和，又女同母不和，又前女与继母不和也。（《神天新遗诏书·马窦传福音之书》10：35）

以上例句中的动词“要见”“相议”“不和”都是需要动作双方参与的交互类动词。

第三步，“NP1+同+NP2+VP交互”结构进一步复杂化，VP由交互类动词向非交互类动词扩展，而NP1与NP2在语义上具有共性，因此它们都受后面VP非交互的支配，则“NP1+同+NP2+VP非交互”结构可被重新分析。

NP1+同+NP2+VP交互→NP1+同+NP2+VP非交互

㉚径与松荒，人同鹤在，交友晓天星样稀。（李曾伯《沁园春》）

以上例句中的动词“在”为非交互类动词。

“NP1+同+NP2+VP”结构的语境中出现表示统括的副词，标志着“同”由介词向并列连词语法化的完成。

㉛虽我同汝死，亦不致言不认得汝。（《神天新遗诏书·马窦传福音之书》26：35）

㉜两公子同蘧公孙都走出厅上。(《儒林外史》第十一回)

以上例句中副词“亦”“都”的出现,表明前面的“我同汝”“两公子同蘧公孙”可被视为一个整体,“同”是连接两项体词性成分的并列连词。

三、併、兼和

“併”和“兼和”作并列连词分别始见于宋代和元代,只有句内连词的用法,“併”连接谓词性成分,“兼和”连接体词性成分。

(一)併

“併”在被调查的非同质语料中使用不普遍,在同质语料中使用较多,有连接两项谓词性成分的用法。

①尝见杂说云:“纣杀九侯,鄂侯争之强,辩之疾,併醢鄂侯。”(《朱子语类》卷第七十九)

②九侯女不憙淫,纣怒,杀之,而醢九侯。鄂侯争之强,辨之疾,並脯鄂侯。(《史记·殷本纪》)

对比上面两例,《朱子语类》中的“併”在《史记·殷本纪》中作“並”。《说文·人部》“併,並也”,段注“……古文並今文作併。是古二字同也”。因此,“併”可视为“並”的今文字形变体。

③盖东坡尊方平,而天下后世之人以东坡兄弟之故,遂为东坡讳而隐其事,併毁其疏以灭踪。(《朱子语类》卷第一百三十)

④若由陆路行,不复知此中有湖,併湖中有此景也。(《徐

霞客游记·滇游日记八》)

⑤罪在于书生之不识形式,併与夫逆顺曲直而忘耳。(陈亮《戊申再上孝宗皇帝书》)

⑥将殿内买卖者悉逐之,併换钱者之桌、卖鸽者之椅悉推倒。(《神天新遗诏书·马窦传福音之书》21:12)

⑦耶稣入神之堂,驱诸在堂做买卖者,又推倒换钱者之柜连卖鸽者之椅也。(《新约全书·马窦传福音之书》文理版,马殊曼译)

前四例中,“併”所连接的成分是“讳而隐其事”“毁其疏以灭踪”、“此中有湖”“湖中有此景”、“书生之不识形式”“与夫逆顺曲直而忘耳”、“买卖者悉逐之”“换钱者之桌、卖鸽者之椅悉推倒”。例⑥中的“併”在1822年的《新约全书》(文理版)马殊曼译本中作“连”,进一步说明“併”为并列连词。

(二)兼和

双音节并列连词“兼和”在《刘知远诸宫调》中出现过两次。

⑧大小官员,兼和骨肉,一见青春生得贵容。争知道,此人也是,未遇潜龙。(《刘知远诸宫调》)

⑨三娘陌地闻此语,陡把庞儿变。不避大筵,诸多公吏,兼和骨肉亲眷。觑洪义叱喝,据礼来不可分辨。(《刘知远诸宫调》)

例⑧中,“大小官员,兼和骨肉”作主语;例⑨中,“诸多公吏,兼和骨肉亲眷”作前面动词“避”的宾语。

并列连词“兼和”是并列连词“兼”和“和”同义连文而来的。它的使用不普遍,而《刘知远诸宫调》中的这两例“兼和”都出现在唱词中,说明它主要在口语中使用,是为了满足音节韵律的要求而出现的。

四、跟

“跟”作并列连词见于宋代，只有句内连词的用法，连接体词性成分。

（一）用法

1. 连接两项体词性成分

①张顺随至里面，把这闹江州跟宋江上山的事，一一告诉了。（《水浒全传》第六十五回）

②昨天他同着几位差官，约请我跟赵大哥同破清水滩，从此弃暗投明，将来保举我二人做官。（《彭公案》第一百七十八回）

以上例句中，并列连词“跟”与其连接的成分组成的短语“这闹江州跟宋江上山的事”“我跟赵大哥”分别作“把”“请”的宾语。

③俺们的胭脂花粉，跟身上穿的小衣裳，都是自己钱买。（《老残游记》第十三回）

④昭君娘娘跟那西施娘娘难道都是这种乏样子吗？（《老残游记》第十三回）

以上例句中，并列连词“跟”与其连接的成分组成的短语“俺们的胭脂花粉，跟身上穿的小衣裳”“昭君娘娘跟那西施娘娘”均作后面的动词“是”的主语。

（二）来源

《说文·足部》：“跟，足踵也。”本义是名词，用作动词时出现在“跟NP”结构中，表示“跟从、跟随”的意思。

⑤诸军且跟着明皇入蜀。(《大宋宣和遗事·元集》)

⑥耶稣上了船,门徒跟着他。(《圣经·马太福音》8:23和合本)

⑦以扫说:“容我把跟随我的人留几个在你这里。”(《圣经·创世记》33:15和合本)

以上例句中,动词“跟(着/随)”后面带的宾语分别是“明皇”“他”“我”。当“跟NP”出现在连动的“跟NP+VP”结构中时,“跟”语法化为伴随介词。

⑧朱贵道:“你且跟我来说话。”(《水浒全传》第四十三回)

⑨倘若女子不肯跟我到这地方来,我必须将你的儿子带回你原出之地吗?(《圣经·创世记》24:5和合本)

以上例句中,“跟”在句中引出动词“来”“到”的一方“我”,“跟”是伴随介词。

当“跟”后面的VP为交互类动词时,如果伴随介词“跟”前面出现另一个体词性成分,形成“NP1+跟+NP2+VP交互”结构,“跟”就具备了被重新分析的可能性。

⑩人家的奴才跟主子赚些好体面,我们这等奴才白陪着挨打受骂的。(《红楼梦》第九回)

上面的例句中,动词“赚”是交互类动词,需要动作双方共同参与完成动作,“NP1+跟+NP2+VP交互”结构具备了被重新分析的可能性,“奴才跟主子”可被视为一个整体,“跟”可被重新分析为并列连词。

当“NP1+跟+NP2+VP交互”结构进一步复杂化,VP由交互类动词向非交互类动词扩展,由于NP1与NP2在语义上具有共性,二者都受后面VP非交互的支配,则“NP1+跟+NP2+VP非交互”结构中的“跟”演变成并列连词。

NP1+跟+NP2+VP交互 → NP1+跟+NP2+VP非交互

⑪参孙跟他父母下亭拿去，到了亭拿的葡萄园，见有一只少壮狮子向他吼叫。(《圣经·士师记》14:5 和合本)

例⑪中的“参孙跟他父母”是一个整体，他们都发出了“下亭拿去”的动作，“跟”为并列连词。

第四节　近代汉语并列连词系统的特点：结构化与平行虚化

上一节讨论了近代汉语中新产生的“连、同、併、兼和、跟”五个并列连词。“连”是继“和”之后出现的这一时期较为活跃的单音节并列连词，它最突出的特点是出现了连接功能由句内向句际扩展的“连……也/都/也都……”结构。

“同”和“跟”是继中古的“共”之后发生平行虚化的并列连词，也是经过“动词 → 伴随介词 → 并列连词”这个语法化的过程一步步发展而来的。

从使用上看，“併、兼和”在历史上使用的时间都不长，它们在所调查的文献中的分布也不太普遍。从来源上说，“併”是“並”的异体形式；“兼和”是以同义连文的途径产生的，在口语性较强的说唱文学的唱词中使用。

从形式上看，近代汉语并列连词系统中共有单音节的“及、洎、与、并、並、併、共、和、连、同、跟”和双音节的“以及、并及、兼和”等并列连词。下面从近代汉语并列连词系统的概况及汉语并列连词从中古到近代的演变两方面进行总结。

一、近代汉语并列连词系统概况

近代汉语并列连词系统包括衰落、消失、扩展与强化、新兴四个方面。

上古时期产生的单音节并列连词“及”和“与”，在这一时期虽然顽强地保留了下来，但在使用上呈现出衰落之势，多保留在书面语中。而中古时期产生的双音节并列连词“并及、爰

表 7: 近代汉语并列连词系统概况

	连接体词性成分	连接谓词性成分	关联结构	产生时代
衰落	及、与	及、与		上古后期
消失	并及、爰及、暨于、洎于	及、与	及……亦/皆……	中古后期
扩展与强化	并、以及	并、以及	并……亦/也/都…… 以及……也/都	中古早期
	共、和	共、和	和……也/都……	中古后期
新兴	连、同、兼和、跟	同、併	连……也/都/也都……	近代时期

及、暨于、洎于”虽表现出较强的双音化的时代性特点，但不够稳定，消失在历史演变的长河中。

中古早期产生的单音节并列连词“并”和双音节并列连词“以及”，在近代汉语阶段得到了扩展与强化，表现为：连接成分的数量由两项向多项扩展，连接成分的性质由体词性成分向谓词性成分扩展，连接功能由句内向句际扩展，出现了与副词“亦/也/都”等搭配使用的“并……亦/也/都……”“以及……也/都……”等关联结构。“以及”是汉语中能够保留至今的为数不多的双音节并列连词，说明它被强化了。

中古后期兴起的并列连词“共”与“和”在近代汉语中相继得到强化，用例更多，且呈现出互补分布之势：“共”向句内连接的方向发展，“和”向句际连接的方向发展。

近代汉语中新兴的并列连词是单音节的“连、同、併、跟”

和双音节的“兼和”。其中“连”和“同”的使用居多，且发展与分布也呈互补状态：“同”向句内连接的方向发展，“连”向句际连接的方向发展。“併”与“兼和”虽因使用不普遍而没被保留下来，但也记录了时代的信息。

二、汉语并列连词从中古到近代的演变

汉语并列连词从中古到近代的发展演变，可从音节、来源、功能、兴替四个角度来描写。

从音节上看，汉语并列连词从中古到近代演变的特点是单音节并列连词稳定，容易保留下来，而双音节并列连词则容易消失。如上古后期产生的并列连词“及”和“与”，经过中古时期的发展，虽然在近代汉语中衰落了，但一直保留至今，在书面语中仍在使用。而单音节并列连词语素化后，以同义连文的形式产生的双音节并列连词“爰及、暨于、洎于、并及、兼和”等，则没有单音节并列连词稳定，它们的出现，虽然记录了时代的信息，但因使用不普遍，最终消失在历史长河中。

从来源上看，汉语并列连词从中古到近代演变的特点是沿着实词虚化与平行虚化的语法化路径发展变化。新的单音节并列连词“连”与“同”的产生也是沿着“动词 → 伴随介词 → 并列连词”的路径，由实词向虚词转化。平行虚化使现有并列连词的近义词发生虚化，如“共”与“和”、“连”与“同”这样的近义词，并列连词“共”的普遍使用带动了“和”的虚化，并列连词“连”的普遍使用带动了“同”的虚化。

从功能上看，汉语并列连词从中古到近代演变的特点是句内连接功能由连接两项体词性成分向连接多项体词性成分及两项谓词性成分扩展；在句际，通过与“也 / 都”等副词搭

配形成不同的关联结构，连接功能向连接复句中的并列分句和递进分句的后一分句扩展。

从兴替上看，汉语并列连词从中古到近代演变的特点是优势互补。句内连接功能使用广泛的，则在句际连接功能上逐渐衰落；句际连接功能使用广泛的，则在句内连接功能上不占优势。以近代汉语中"和"字句与"连"字句的兴替为例，说明如下：

唐代以后出现的并列连词"和"，到了宋代，其连接功能进一步由句内向句际扩展。宋元时代出现的并列连词"连"，其句际连接功能发展迅速。"和"与"连"的竞争导致了它们各自功能的分化，"和"失去了句际连接的功能。这种竞争分化的过程可以从下列用例中看出来。

① 众军赶上，连人和马，生擒活捉。(《水浒全传》第九十七回)

② 和人连马，陷倒在溪里。(《水浒全传》第一百一十五回)

③ 仔细看时，和店房都不见了，连王吉也吃一惊。(《古今小说·陈从善梅岭失浑家》)

例①、例②中"连"与"和"通用的情况，说明在宋代，句际连词"连"与"和"的功能类似；但经过了一定时期的竞争，到了明代以后，它们的功能分化基本完成："连"作句际连词，"和"作句内连词。

总之，汉语并列连词继上古阶段西周时期的萌芽、春秋战国时期的发育、西汉时期的初步形成后，经过中古阶段连接功能在句内、句际的进一步发展，到了近代阶段，其发展完全成熟起来，现代汉语中使用的并列连词在这一历史时期基本都出现了。汉语并列连词在近代的发展表现为以下两个特点：

（1）分工与兴替明显，后产生的新词经过与以往旧词的共存，最终各自向不同的方向发展，产生新旧兴替，使"老牌儿"

并列连词逐渐退出口语系统。

（2）并列连词的情况更加复杂，不同时代、不同功能、不同语体的并列连词共存于同一个历史平面中，形成了一个纵横交错的并列连词系统。

第五章 汉语并列连词的历史演变

回顾汉语并列连词的历史发展进程,在不同历史阶段,并列连词系统的内部成员不尽相同。既有旧词的沿用,也有新词的产生,同时还有某些旧词的消亡。汉语并列连词就是在这种不断兴替的动态过程中完成了它的历史发展演变,其中不乏规律性的变化。

第一节 系统特征:共时变化与历时兴替共存

本书把汉语并列连词的历史演变分为上古、中古和近代三个历史时段,如果对其中的每个历史时段再进一步细分为早期和晚期的话,又可以再分为以下时期:殷商、西周和春秋战国为上古早期,秦代到西汉为上古晚期;东汉魏晋为中古早期,唐代为中古晚期;宋元为近代早期,明清为近代晚期。

一、上古汉语并列连词系统

殷商时期,甲骨文中的并列连词系统里“眔”使用普遍,它具有并列连词最初的连接两项体词性成分的功能。这一时期汉语并列连词系统的成员数量少,连接功能较为简单,是汉语并列连词历史发展的萌芽期。

西周时期,“眔”除了沿用上一时期的用法外,还扩展出了单用、连接多项体词性成分以及连用、连接多项体词性成分的功能;

同时出现了“及、暨、于、雩、越、与”等新的并列连词。其中“暨”是“及”的假借形式,“及”具有连接两项并列体词性成分作主语或宾语、连接多项体词性成分以及连接并列的谓词性成分的功能;“雩”“越”是“于”的假借形式,“于”“越”具有连接两项和多项并列的体词性成分以及连接两项谓词性成分的功能。

到了春秋战国时期,“及”除了沿用西周时期连接并列体词性成分的用法外,还扩展出连用以及和“与”连用的功能;同时,“于”的新的假借形式“与”出现了连接两项体词性成分、两项谓词性成分以及多项体词性成分的用法,它在连接多项体词性成分时可以连用或与“及”连用;此间,西周时期的“雩”“越”消失或不用了。

上古早期是汉语并列连词的历史发育期,这一时期汉语并列连词的句内连接两项体词性成分、两项谓词性成分、多项体词性成分的功能已经发展出来。

秦汉时期,“及”“与”除了沿用春秋时期的连接功能外,“及”还出现了新的假借形式“臮”。新的单音节并列连词“并”和双音节并列连词“及与”萌芽,它们具有连接两项体词性成分的功能。

上古晚期是汉语并列连词的初步形成期,后代并列连词的诸多功能在这一时期基本上都建立起来。这一时期汉语并列连词所发生的重要变化是:(1)连接功能呈现出由句内向句际扩展的趋势;(2)所连接成分之间的逻辑语义关系进一步复杂化,除了并列关系外,还有递进关系;(3)单音节并列连词开始向语素的方向进一步语法化,双音节并列连词开始萌芽。

二、中古汉语并列连词系统

从东汉到魏晋南北朝再到唐代,上古汉语并列连词“及、暨、与、并”等连接两项并列体词性成分的基本用法沿袭下来，同时还出现了新的并列连词，原有并列连词也出现了新的用法。中古时期新出现的单音节并列连词有“兼、和、共、洎”，双音节并列连词有“并及、爰及、暨于、洎于”等。这些并列连词都具有在句内连接两项体词性成分的基本用法。

此外，原有的并列连词还扩展出了新的功能：“及”的连接功能开始向句际扩展，通过与“亦”“皆”构成“及 NP 亦 / 皆 VP”关联形式，连接并列或递进分句；“暨”扩展出“暨 NP 亦 VP”关联结构，连接并列分句；“并”除了在句内扩展出连接多项体词性成分的功能外，还在句际扩展出“并 NP 亦 / 皆 VP”关联结构，连接并列或递进分句；“兼”扩展出“既 / 又……兼……”“非唯 / 非直……兼……”关联形式，分别连接并列分句和递进分句。

中古时期是汉语并列连词迅速发展的阶段，并列连词在句内和句际连接功能上都得到了极大的发展。一方面，句内连词的数量继续增多，除了沿用上古的部分单音节并列连词外，还发展出“兼、共、和”等单音节并列连词，以及“并及”“以及”等双音节并列连词；另一方面，句际的连接功能得到进一步加强，更多的并列连词扩展出了通过关联结构连接分句的功能。

一般认为中古时期是汉语词汇的发展进入双音化的阶段，汉语并列连词的历史发展也不例外。中古时期是汉语并列连词双音化的关键期，其主要特征是单音节并列连词朝着语素化的方向演变。但并列连词双音化的表现与其他词语双音化的表现有共同之处，也有独特之处：共性表现为以同义连文形式出现的双音节并列连词，使原有的单音节并列连词“降级”为双音节并列连词中的一个构词语素；特性在于并列连词与副词“亦 / 皆”等搭配所形成的关联结构的出现，使汉语并列连词的自由度降低，从而使其对结构的黏着度增加，这也可以视为中古汉语并列连词语素化的一种特殊表现形式。

三、近代汉语并列连词系统

宋元以后至今，中古汉语并列连词“及、与、并、共、和、并及、以及”等连接两项并列体词性成分的基本用法沿袭下来，同时还出现了新的并列连词，原有并列连词也出现了新的用法。近代汉语中新出现的并列连词有单音节并列连词“连、同、併、跟”，以及双音节并列连词“兼和”，除“併”外，其他并列连词都具有在句内连接两项体词性成分的基本用法。

在句内连接上，这一时期“并、共、和”沿袭了中古时期的用法，“连、同、跟”连接两项并列体词性成分的用法也在广泛使用，“和”作句内连词的功能得到了加强，“连”扩展出连接多项体词性成分的功能。元代以后，双音节并列连词除了“以及”保留下来外，其他双音节并列连词“并及、兼和”等已经消失了；同样，单音节并列连词“及”“与”也从宋代以后退出口语系统。

在这一阶段得到极大发展的并列连词是单音节并列连词“和”“连”，它们在句际都扩展出与“也/都”构成关联结构连接分句的功能，“和”在句内扩展出连接两项谓词性成分的功能。这两个并列连词在近代达到了互补分布的状态：“和”用于句内连接，“连”用于句际连接。

从连接成分的性质看，近代汉语并列连词系统中能够连接两项谓词性并列成分的并列连词有：“及、与、并、併、共、和、同”。“与”“并”产生于上古时期，其中“与”产生于上古早期（春秋时代），“并”产生于上古晚期（西汉）；“共”“和”都产生于中古晚期（唐代）；“同”产生于近代阶段。从历史上看，几乎每个历史阶段中的小的历史时期都有具备这种功能的并列连词产生，说明并列连词连接两项谓词性成分是一种产生速度比较快的结构形式，因此相关并列连词的数量也相对比较多。

具有句际连接功能的并列连词有："并、以及、和、连"。"并"产生于上古阶段，"和""以及"产生于中古阶段，"连"产生于近代阶段。从历史上看，具备这种功能的并列连词在上古、中古、近代不同阶段都有新的形式产生，虽然它们产生的速度没有上面的连接谓词性成分的句内并列连词快，数量也没有它们多，但其发展及兴替也不容忽视。

近代是汉语并列连词从中古向现代转型的时期，其特点是连词系统成员之间兴替频繁明显。大量双音节并列连词消失的同时，单音节并列连词句际连接的功能得到充分的发展与加强。在经历了近代早期的动荡之后，并列连词系统成员之间的连接功能发生了分化，近代汉语并列连词系统格局基本确立下来。

四、汉语并列连词系统的历时兴替

汉语并列连词系统的新旧连词之间发生了明显的兴替现象，这些兴替现象通过汉译《圣经》不同时代的译文对比，可以明显地看出来。

（一）"并"与"及"之间的兴替

"及"产生于西周时期，到了汉代，它作句内和句际连词的功能都发展完备之后，也同时意味着将有新的形式到来，产生于汉代的"并"就是应这种历史使命而出现的。"并"在汉代发展出连接两项体词性成分的功能后，经过中古时期的发展，到了近代汉语阶段，具备了“及”所具有的作句内和句际连词的功能。从唐代起，它们之间出现兴替变化，后起的“并”更适应并列连词新系统的特点，这样到了宋代，“并”在口语中取代了“及”。

①而差役出外杀在毕利恒及其界诸婴儿。(《神天新遗诏书·马窦传福音之书》2:16)

②差人将伯利恒城里并四境所有的男孩，照着他向博士仔细查问的时候，凡两岁以里的，都杀尽了。(《圣经·马太福音》2:16和合本)

③耶路撒冷与通如氏亚及若耳但之四方出就之。(《神天新遗诏书·马窦传福音之书》3:5)

④耶路撒冷和犹太全地，并约旦河一带地方的人，都出去到约翰那里。(《圣经·马太福音》3:5和合本)

以上例句中，1823年出版的《神天新遗诏书·马窦传福音之书》中的并列连词“及”，到了2009年版的新标点和合本《圣经·马太福音》中被“并”取代。

（二）“共”“和”与“与”之间的兴替

这组并列连词相同的特点是都具有连接谓词性成分的用法。“与”的连接功能在上古时期发展成熟。中古时期产生的“共”“和”经过一定阶段的发展，与上古的“与”具有了同样的功能。宋代以后，这三个词之间发生兴替，“共”“和”的兴起使“与”退出口语。明代以后，“共”“和”之间也发生了兴替，形成了近代汉语共同语中并列连词以“和”为主的格局，“共”保留在闽方言的福州话中。

⑤尔义若非胜于哒唎哂辈与书士之义，尔则断不致进于天之国也。(《神天新遗诏书·马窦传福音之书》5:20)

⑥你们的义若不胜于文士和法利赛人的义，断不能进天国。(《圣经·马太福音》5：20和合本)

⑦惟见多咗唎哂与嗽吐哂辈来受他施洗。(《神天新遗诏书·马窦传福音之书》3：7)

⑧约翰看见许多法利赛人和撒都该人也来受洗。(《圣经·马太福音》3：7和合本)

⑨又带就之诸有病之民，与害各样之疾之患，又伊等怀鬼风者、癫狂者、有病者，而其悉医伊等。(《神天新遗诏书·马窦传福音之书》4：24)

⑩那里的人把一切害病的，就是害各样疾病、各样疼痛的和被鬼附的、癫痫的、瘫痪的，都带了来，耶稣就治好了他们。(《圣经·马太福音》4：24和合本)

⑪汝其义理，伓毛赢过读书仈共法利赛仈其义理，汝断断卖入天国。(《新旧约全书：福州话·马太福音》5:20)

⑫约翰见尽法利赛仈共撒土该仈来受洗礼。(《新旧约全书：福州话·马太福音》3:7)

以上《神天新遗诏书·马窦传福音之书》例句中的并列连词“与”，到了《圣经·马太福音》中被“和”取代。

(三)“连”与“并”“和”之间的兴替

宋代以后，这组词在句际连接领域开始了兴替的过程。由于“并”“和”句内连接功能的强化，“连”最终以句际连词的用法为主。具有句际连接功能的并列连词中，“并”产生于上古，“和”产生于中古，“连”产生于近代。从历史上看，这组并列连词在上古、中古、近代不同阶段都发生了兴替的现象。

第二节　历史演变：语法化与后语法化相伴

汉语的历史发展演变是有规律可循的，汉语连词的历史发展演变也不例外。汉语并列连词在历史发展演变过程中出现了一些值得注意的现象，它们的来源、演变与发展都表现出了某种规律性。

一、语法化

在汉语的历史演变中，经语法化而来的并列连词有“眔、及、于、并、兼、共、同、跟”等，语法化是汉语新的单音节并列连词产生的重要途径。这些词最初都为动词，之所以能够发展为并列连词，是因为它们各自在句法、语义和语用等方面具备了虚化的条件。

（一）句法条件

重新分析和类推是语法化的重要机制，汉语并列连词的语法化过程也是如此。汉语动词语法化为并列连词的句法环境需要具备以下三个条件：首先是动词后面带宾语，构成“V+NP2”结构；其次是“V+NP2”结构前后出现其他 VP，构成连动结构；最后是连动结构中的 V 前面出现了 NP1，且 NP1 与 V 后面的 NP2 在逻辑语义上具有某种共性。这样，“NP1+V+NP2”结构有可能被重新分析为一个整体，V 被重新分析为并列连词。

以往对并列连词语法化过程的概括，是汉语中存在一个

“动词→介词→并列连词”的语法化链环(grammatical chain)(周生亚,1989;刘坚,1989;刘坚 等,1992;刘坚、贝罗贝,1994;吴福祥,2003),并列连词是经过对介词这个中间环节的重新分析而来的。但是,这个语法化的链环只是并列连词语法化的途径之一,或者说连接并列主语的并列连词是经过这个途径语法化而来的。除此之外,汉语并列连词的语法化还有另外一种可能的途径,那就是连动结构中的动词有可能直接被重新分析为并列连词,即:

$$\underline{\mathrm{VP1+NP1}}+\underline{\mathrm{V+NP2}} \rightarrow \mathrm{VP1+}\underline{\mathrm{NP1+V+NP2}}$$

①去其螟螣,及其蟊贼,无害我田稚。(《诗经·小雅·大田》)

上面例子中,“螟螣”和“蟊贼”都是动词“去”的动作对象,“去其螟螣+及其蟊贼”结构可被重新分析为“去+其螟螣及其蟊贼”,“及”可被重新分析为并列连词。

这种语法化过程可以不经过伴随介词的中间环节,连动结构中的动词可以直接被重新分析为并列连词。连接并列宾语的并列连词一般是由这种途径语法化而来的。有的学者已注意到了动词存在被直接重新分析的可能性,[1]但是尚未把它作为并列连词语法化的一个重要的途径来考察,而实际上,这个途径比前一个途径产生得更早。以“及”为例,它连接并列宾语的用法在西周时期的《诗经》中就已出现了,如:

②或来瞻女,载筐及筥。(《诗经·周颂·良耜》)

---

[1]刘坚(1989)在讨论并列连词“和”的来源时,曾注意到这个问题。如“雀儿和燕子,合作《开元歌》”(《敦煌变文·燕子赋》)一句中的“和”,太田辰夫(1958)认为是连词,刘坚说:“这个‘和’字或许可以理解为连词,但是这个例子不够典型,因为‘和’也有动词的可能,为‘唱和’之意。”说明这里的动词“和”存在被重新分析为并列连词的可能性。

而连接并列主语的用法在春秋时期的《左传》中才出现,如:

③王及列士皆有馈赂。(《左传·哀公十一年》)

从这一点上看,这种途径不但可能是最初的变化形式,而且还有可能对后来的伴随介词被重新分析为并列连词起到一种类推的作用。所以,汉语动词语法化为并列连词的途径应有以下两种可能:

↗ VP1+NP1+V2+NP2 → VP1+NP1 并列连词 NP2

动词 V“两者”义素

↘ V1+NP2+VP2 → NP1+伴随介词+NP2+VP2对称 → NP1 并列连词 NP2+VP2

(二)语义条件

汉语动词能够语法化为并列连词的语义前提是这些词的词义中都含有“两者”“双方”的“义素”。

	基本词义	“义素”分析
罘	《说文》:“目相及也。”	眼睛彼此看
及	《说文》:“逮也。”段注:“及前人也。”	脚步彼此追随
于	《诗》毛传:“于,往也。”	由此地到达彼地
并	《说文》:“并,相从也。一曰从持二为并。”	两者彼此关系相从
兼	《说文》:“兼,并也。……持二禾。”	彼此相从关系的结果
和	《说文》:“相应也。从口禾声。”	彼此相呼应
共	《说文·共部》:“共,同也。”	彼此的比较
同	《说文·冂部》:“同,合会也。”	彼此的作用或关系
跟	《说文·足部》:“跟,足踵也。”	双足彼此的动作

从历史的角度看，能够语法化为并列连词的动词中都包含有“两者”“双方”的“义素”。先秦时期发生语法化的动词一般为与人体有关的具体动作的动词，如表示人眼睛彼此相及动作的“眔”，表示人的脚步由某地到另一地动作的“于”等；秦汉以后发生语法化的动词则一般为表示双方的相互作用或彼此关系的动词，如表示相从的“并”和“兼”，表示合会的“同”和“共”等。正是由于它们的词义中带有“双方”的“义素”，所以可以通过语言认知中“隐喻”的心理机制，把外部客观世界的关系投射到语言的结构成分之间的关系上，使其获得将逻辑语义上具有并列关系的两者连接起来的功能。

（三）语用条件

在语用上，汉语并列连词语法化的动因是交际过程中明晰原则与省力原则的相互作用。语用表达复杂化的需求与语言经济性原则之间的矛盾，导致并列连词成为一种语用推理显性化的标记，使它所连接的成分之间复杂的逻辑语义关系得以用较为经济明显的句法形式表现出来。

没有并列连词出现的句子，句法结构和语义逻辑虽然简单，但是如果要表达更多的信息，语言上就免不了要重复。如“七月亨葵及菽”一句，如果不用并列连词“及”，就要使用“七月亨葵”“七月亨菽”两个动词重复的单句。并列连词作为一种符合语言经济性原则要求的逻辑预设触发语（presupposition trigger），具有将两个单句连接起来同时又避免重复的功能。“七月亨葵及菽”这句话虽然在形式上属于单句，但是它的语用结构中蕴含着由两个单句组成的并列复句的内容，与不使用并列连词的单句的语用效果完全不同。

如果把语言的句法结构看成是表层形式,语用结构看成是底层形式的话,使用并列连词与不用并列连词的单句的语用结构是不同的。

表8:表层句法结构与底层语用结构对比分析表

<table>
<tr><th>表层句法结构</th><th colspan="2">单句</th></tr>
<tr><td rowspan="2">例句</td><td>七月亨葵</td><td rowspan="2">七月亨葵及菽</td></tr>
<tr><td>七月亨菽</td></tr>
<tr><td>底层语用结构</td><td>单句</td><td>复句</td></tr>
</table>

不用并列连词的单句的表层句法结构与底层语用结构“同形同构”,都是单句,语用表达上单一,不含有其他的逻辑预设;而使用并列连词后的句子的表层句法结构与底层语用结构则是“同形异构”,表层句法结构上虽是单句,但底层语用结构上是复句,语用预设上蕴含着并列复句的逻辑语义关系。

二、后语法化

汉语并列连词在完成了由动词向并列连词的虚化后,其语法化过程并未结束,而是继续向着后语法化的方向进一步发展。汉语并列连词后语法化的形式有两种:一种是语素化,另一种是结构化。

(一)语素化

在汉语史的研究中,有学者曾从音节数量变化的角度用双音化来描写汉语词汇的历史演变,语素化则是从语素的角度描写汉语词汇在双音化过程中的结构、语义及语用的具体变化。汉语并列连词的双音化及语素化表现为：它是在某个词完成了由动词向并列连词的语法化之后才出现的，并列连词降级为构词语素后，与其他单音节构词语素组合，成为新的双音节并列连词，即在汉语并列连词语法化的链环上，并列连词这个环节之后还有构词语素这种变化形式：

动词 → （介词）→ 并列连词 → 双音节并列连词语素

汉语史上经语素化途径而产生的双音节并列连词有两种：一种是并列连词同义连文，另一种是相邻结构重新分析。汉语中因同义连文而产生的并列连词有“及与、及以、并及、兼及、暨于、洎于、兼和”等。学界对“及与、及以、并及、兼及”等有过研究（张涌泉、黄征，1997），而对于“暨于、洎于、兼和”这些连词则注意较少。这些词的出现，说明同义连文是汉语并列连词双音化的一种较为普遍的语素化构词方式。这些词往往是在新的并列连词产生之后出现的，以新老结合的方式构词：新产生的并列连词出现在双音节并列连词前一个音节的位置上，产生时代更早的并列连词处于后一个音节位置上，如“并及”“兼及”“暨于”“洎于”“兼和”等。它们往往带有时代的特征，属于发展变化较快的词汇形式，不如单音节并列连词稳定，不容易保留下来。

经相邻结构重新分析而产生的双音节并列连词，有中古时期出现的“爰及”“以及”，其中“以及”作为并列连词的生命力最强，得以保存下来，在现代汉语书面语中仍在使用。以往认为“以及”是在宋代以后才出现的并列连词，通过调查发现，它在南北朝时期就已开始出现了。

语素化是汉语词汇语法化中的重要现象，其途径除了上文所分析的情况外，实词还可以直接语法化为构词语素，如：上古汉语动词“及”，直接作为构词语素语法化为“泽及”“延及”“惠及”等。

（二）结构化

随着连词连接功能由句内向句际扩展，汉语并列连词“后语法化”的另外一种表现形式是并列连词与统括副词搭配，形成“并列连词NP+统括副词VP”的固定关联结构，连接并列分句或递进分句。在汉语史上，能够进入这种结构的并列连词有“及、并、以及、和、连”等，与之搭配的副词有“亦、皆、也、都、也都”等。

①战咸阳，斩首数百，皆拜爵，及宦者皆在战中，亦拜爵一级。（《史记·秦始皇本纪》）

②大王明日广排天仗，远出城南，将百万之精兵，并太子亦随驾幸。（《敦煌变文·八相变》）

③犹大又对他父亲以色列说：“你打发童子与我同去，我们就起身下去，好叫我们和你，并我们的妇人孩子，都得存活，不至于死。”（《圣经·创世记》43：8和合本）

④这个是转水车相似，只拨转机关子，他自是转，连那上面磨子筛箩一齐都转，自不费力。（《朱子语类·卷第一百二十一》）

⑤耶和华说：“我要将所造的人和走兽，并昆虫，以及空中的飞鸟，都从地上除灭，因为我造他们后悔了。”（《圣经·创世记》6：7和合本）

⑥远超过一切执政的、掌权的、有能的、主治的和一切有名的，不但是今世的，连来世的也都超过了。（《圣经·以弗所书》1：21和合本）

⑦雀鸟二只岂非一分银而卖乎？但其中一只，若非尔上父之意不陨也，连尔首发皆见算矣。(《神天新遗诏书·马窦传福音之书》10:29—30)

以往对出现在这种结构中的“连”研究得较多，但是把它的出现和使用放到汉语并列连词历史发展演变的大背景下去考察的不多，对于这种结构中“连”的性质的认定等问题也存在不同的观点。根据汉语并列连词历史发展演变中所表现出来的连接功能由句内向句际扩展的现象，不妨把这类形式看成是并列连词的“后语法化”的形式。

第三节　演变解释：组合与聚合的互动，共时与历时的互证

现代语言学之父索绪尔（Ferdinand de Saussure）从组合与聚合、共时与历时的角度对语言要素之间的关系所进行的解释，同样适用于解释汉语并列连词的历史演变。汉语并列连词的历史演变，可看成是汉语词语的组合关系与聚合关系的动态的相互作用所导致的共时状态下的各种变化和历时状态下的各种兴替。组合关系和共时状态是从横向的维度来观察描写语言的变化，聚合关系和历时的兴替是从纵向的维度来总结语言的发展演变。汉语并列连词就是在这种纵横交错的“十字格局”中走过了几千年的演变历程。

一、组合与聚合的互动

汉语多数并列连词是经动词的语法化而来的。语法化过程始于组合关系的变化：当动词后面出现其他动词时，连动结构使汉语在横向的线性时间序列上的表达复杂化，为动词向并列连词的纵向聚合关系的语法化提供了条件。但是如果只有组合关系的变化，没有聚合关系的变化，语法化过程不会发生。聚合关系的变化首先发生在交互类动词中，然后由交互类动词向非交互类动词扩展。当连动结构后面的动词为交互类动词时，连动结构中的成分可被重新分析，组合关系被重组。这样的组合关系的变化，又牵动聚合关系进一步由对称性动词向非对称性动词扩展。这样，经过三轮的组合与聚合关系的互动，始于组合关系、成于聚合关系变化的汉语中含有“两者”义的

动词完成了向并列连词的语法化。汉语动词向并列连词的语法化是在组合关系和聚合关系的互动下所发生的变化。

汉语动词在完成了向并列连词的语法化后,具备了在句内连接两项体词性并列成分的功能。之后组合与聚合关系的互动仍在继续,开始了“后语法化”过程。从句内的组合关系上看,并列连词在所连接成分的数量上的扩展导致相同或不同并列连词的连用,或者两个单音节并列连词语素化后合成双音节并列连词,都使起初的单音节并列连词单独使用的自由度下降,从而引起搭配或黏着使用等聚合关系的变化。并列连词所连接成分的性质由体词性成分向谓词性成分的扩展,可视为被连接成分在组合和聚合关系上同时发生的变化。从句际的组合关系来看,随着并列连词的连接功能向句际的扩展,并列连词与统括副词关联使用,是聚合关系发生的变化。汉语并列连词的语素化或结构化的后语法化过程,也是组合关系和聚合关系的互动所发生的变化。

连动1	功能扩展1	连动2	功能扩展2	连动3
N1+V+V2				
N1+介$_1$+N2+V$_{交互}$	句内	N1+V+V2		
N1+连$_1$+N2+V$_{非交互}$	V1+连$_1$+V2	N1+介$_2$+N2+V$_{交互}$	句内	
	S1V1,连$_1$S2也V2	N1+连$_2$+N2+V$_{非交互}$	V1+连$_2$+V2	…
	句际		S1V1,连$_2$S2也V2	…
			句际	…

汉语并列连词的历史演变自始至终表现出一种平行虚化

的现象：前一时期的某个动词语法化为并列连词后，带动它的近义词也发生类似的变化。如甲骨文中的动词“眔”语法化为并列连词后，它的方言近义词“及”在西周时期也开始了语法化，同时“及”的近义词——“往”义的动词“于”，也发生了语法化；汉代的“并”和“兼”也是相继平行虚化的一对近义词；中古时期的“共”语法化为并列连词后，它的近义词“同”也在宋代语法化为并列连词；中古的“和”语法化为并列连词后，它的近义词“连”也在宋代以后发展出并列连词的用法。从组合关系与聚合关系互动的角度看，首先发生语法化的并列连词对它的近义词在后来发生的语法化，起到了一种外部推动的作用，是语法化过程中的类推影响。这样，一次又一次、一轮又一轮的组合与聚合关系的互动，使汉语并列连词系统充满了共时与历时的互证。

二、共时与历时的互证

语言的共时差异是历时演变的结果。汉语并列连词的历史演变也是如此。从共时角度看，汉语并列连词的连接功能由简单的连接句内两项体词性成分，逐步扩展到句内连接多项体词性成分、连接谓词性成分，再到句际连接并列分句和递进分句，不是一蹴而就的，而是经过长期的历时过程逐步发展完善起来的，同时旧的并列连词也在历史长河中因着新的并列连词的兴起而衰落甚至消亡。通过共时的差异可以勾勒历时的轮廓，通过历时的语料可以验证共时的构拟，汉语并列连词就是在这种共时和历时的互证中，展现了汉语和汉字在历史发展演变中的独特魅力。

第四节　语料更新：汉译《圣经》语料的价值与反思

历史文献电子版的增多和计算机技术的提高，为汉语并列连词的共时和历时研究提供了更广阔的空间。本书是在原有博士论文研究的基础上修改而成的。期间笔者不但发现了自己的很多错误，更值得感恩的是，发现有很多汉译《圣经》的历史文献可以用来作汉语史研究，这是以往的研究中所缺乏的，也是大有可为的。汉译《圣经》历史文献是未开发的研究宝藏，有很多值得研究的课题。如：历史文献中是如何记录中国在圣诞节时的庆祝活动的？唐太宗的信仰如何？托起盛唐繁荣的物质文明背后的深层的精神文明是什么？有何历史经验值得借鉴？如何使用汉译《圣经》这种同质性语料来弥补汉语研究中非同质性语料不足的问题？鉴于此，将两篇有关汉译《圣经》语料的价值和反思现今历史认识中的误区的论文，作为附录三和附录四收入书中，以供参考。

附　录

附录一：汉语并列连词连接功能及历史兴替表

时段	朝代	旧	新	用法（宋体字部分为沿用，楷体字部分为功能扩展和新用法）
上古	殷商		眔	两项 NP + 两项 NP 性谓语
	西周	眔		两项 NP + 多项 NP（单用 + “眔”连用）
			及	两项 NP + 多项 NP + 两项 VP
			于	两项 NP + 两项 VP
			雩	两项 NP（“于”的同音字）
			越	两项 NP + 多项 NP + 两项 VP（“雩”的古字）
			暨	两项 NP + 多项 NP（“及”的假借字）
	春秋战国	及		两项 NP + 多项 NP（单用 + “及”连用 + “及”“与”连用）
		于		连接两项 NP + 三项 NP
			与	两项 NP + 多项 NP（单用 + “与”连用）+ 两项 VP（“于”的假借字）
		暨		两项 NP + 多项 NP
	秦汉	及		两项 NP + 多项 NP（单用 + “及”“与”连用）+ 两项 VP
			臮	两项 NP（“暨”的古字）
		与		两项 NP + 多项 NP（单用 + “与”“及”连用）+ 两项 VP
			并、及与	两项 NP

续表

时段	朝代	旧	新	用法（宋体字部分为沿用，楷体字部分为功能扩展和新用法）
中古	东汉三国	及		两项 NP + 多项 NP + 两项 VP + 及……亦 / 皆……+ 连接分句
		暨		两项 NP + 暨……亦……
		与		两项 NP + 多项 NP（单用 + “与、及、并”连用）+ 两项 VP
		并		两项 NP + 多项 NP + 连用（并、及、与）+ 并……亦 / 皆……+ 两项 VP
			兼	两项 NP + 两项 VP + 既 / 又……兼……+ 非唯 / 非直……兼……
			洎	两项 NP（同“臮”）
			并及	两项 NP
			洎于 爰及	两项 NP + 多项 NP
	南北朝		以及 暨于	两项 NP
	唐代		共	两项 NP
			和	两项 NP + 两项 VP
近现代	宋代至今	及		两项 NP + 两项 VP
		与		两项 NP + 多项 NP
		并		两项 NP + 多项 NP + 连用（并、及、与、和）+ 并……亦 / 也 / 都……+ 两项 VP
		共		两项 NP + 两项 VP
		和		两项 NP + 多项 NP + 连用（并、及、和）+ 和……也 / 都……+ 两项 VP

续表

时段	朝代	旧　　新	用法（宋体字部分为沿用，楷体字部分为功能扩展和新用法）
近现代	宋代至今	以及	两项 NP + 多项 NP + 连用（并、和、与）+ 以及……也 / 都……+ 两项 VP
		同	两项 NP + 多项 NP + 两项 VP
		跟	两项 NP
	元代至今	连	两项 NP + 多项 NP + 连用（并、及）+ 连……也 / 都 / 也都……+ 非惟 / 慢说 / 不但 / 岂特……连……/ 也 / 都……+ 两项 VP
	宋代	兼和、併	两项 NP、两项 VP

附录二：汉语并列连词与伴随介词共时纠葛的历时分化

一、问题回顾

在现代汉语里，为什么“介词和连词的界限不是十分清楚的”（王力，1989）？现代汉语共时的纠葛与历时的演变有何关联？从历史文献中可以得到怎样的证据？这是本书所关注的。下文采用文献调查与分析的方法，拟对现代汉语并列连词与伴随介词的共时纠葛提供历时的化解依据。

就并列连词而言，与介词的纠葛主要表现在与伴随介词之间的纠葛。伴随介词引进动作的伴随者等动作对象，它与并列连词产生纠葛，是因为它们都可以出现在“NP1+虚词+NP2+VP对称”的句法结构中。其中，对称动词是指“动作都有双方面参加，而且这双方面的关系是对称的”（朱德熙，1982），如“结盟、商量、见面、建交”等。以虚词“跟”为例，有以下三种类型：

A类：梨花跟杏花都开了。

B类：中国跟巴西建交。

C类：张三跟李四借钱。

A、B、C三类句子中，“跟”的句法结构相同，但是“跟”的词性不同：A类是并列连词，C类是引进动作对象的伴随介词，存在争议的是B类中的“跟”是并列连词还是伴随介词，即并列连词和伴随介词的纠葛所在（刘爱菊，2006）。

从共时研究看，前人提出过“对调”“插入”等区别方法。此外还有“替代”“题化”“分解”“共现标记”等方法（储诚志，

1991；张健、陶寰，1993；张谊生，1996）。

在历时研究中，英国汉学家葛瑞汉（1968）曾就古汉语中的相关问题提出“删除”的区分方法。主要观点是：当虚词前后的 NP1 或 NP2 任何一方被删除时，该虚词都必须随之被删除的是连词，否则不是连词。

①邹人与楚人战。（《孟子·梁惠王上》）

②在君与子矣。（《孟子·滕文公上》）

前一句中的“与”不是连词，因为删除了“与”前面的成分“邹人”，后面的成分“与楚人战”仍成立。后一句中的“与”是连词，因为它所连接的 NP1“君”或 NP2“子”被删除时，“与”都必须随之被删掉，这样句子才成立：当删掉“君”时，“与”必须跟着一起被删，句子变成“在子矣”；当删掉“子”时，“与”必须跟着一起被删，句子变成“在君矣”。

上例的两种结构中，前一种属于虚词短语在动词之前的“NP1+虚词+NP2+VP”结构，后一种不属于这类结构，而是虚词短语在动词之后的“VP+NP1+虚词+NP2”结构，下文称为 D 类。

表 9：A、B、C、D 四类句法结构语义对照表

类型	结构	虚词短语	语义指向	词性
A	NP1+虚词+NP2+VP非对称	非对称动词前	同指后面 VP	并列连词
B	NP1+虚词+NP2+VP对称	对称动词前	互指对方	纠葛
C	NP1+虚词+NP2+VP非对称	非对称动词前	单指一方	伴随介词
D	VP非对称+NP1+虚词+NP2	非对称动词后	同指前面 VP	并列连词

A 类虚词短语位于非对称动词前,虚词前后 NP 的语义同指后面的动词,虚词是并列连词;B 类虚词短语位于对称动词前,虚词前后 NP 的语义互指对方,虚词的词性有争议;C 类虚词短语位于非对称动词前,虚词前后 NP 的语义由一方单指另一方,虚词是伴随介词;D 类虚词短语位于非对称动词后,虚词前后 NP 的语义同指前面的动词,虚词是并列连词。

D 类结构虽与前三类不同,但为什么会存在虚词短语在动词前和动词后两类结构?在历史上,这两种结构是什么关系?经历了怎样的演变?下文首先对并列连词和伴随介词产生纠葛之 B 类的历史进行考察,然后通过对不同结构中 NP1、NP2 语义指向的分析,寻找化解共时纠葛的历时线索。

二、B 类结构的历史考察

下面从 B 类结构的分类及其在上古的分布、汉代的变化与中古的转变等方面,来考察 B 类结构的历史演变。

(一)两种结构

在历史上,B 类结构中的对称动词最初是单音节的,如"盟""平"等。与现代汉语不同的是,它们所支配的表动作对象的虚词短语有在动词前和在动词后两种句法位置,分为 B1、B2 两类。

表 10:B1、B2 类结构对照表

类型	结构	例句	虚词短语
B1	NP1+ 虚词 +NP2+VP对称	公及莒人盟于浮来	动词前

续表

类型	结构	例句	虚词短语
B2	VP对称 +NP1+ 虚词 +NP2	阳虎又盟公及三桓于周社	动词后

B1 类的虚词短语出现在对称动词前，结构为“NP1+ 虚词 +NP2+VP对称”。

①公及莒人盟于浮来。(《左传·隐公八年》)

②祭仲与宋人盟，以厉公归而立之。(《左传·桓公十二年》)

③秋，宋及郑平。(《左传·隐公七年》)

表示动作对象的虚词短语，如例 ① 中的“公及莒人”、例 ② 中的“祭仲与宋人”，出现在对称动词“盟”前，例 ③ 中的“宋及郑”出现在对称动词“平”前。

B2 类的虚词短语出现在对称动词后，结构为“VP对称 +NP1+ 虚词 +NP2”。

④阳虎又盟公及三桓于周社。(《左传·定公六年》)

⑤公及齐侯平莒及郯。(《左传·宣公四年》)

表示动作对象的虚词短语，如例 ④ 中的“公及三桓”、例 ⑤ 中的“莒及郯”，分别出现在对称动词“盟”“平”后。

B 类结构在上古时期不但有 B1、B2 两种，而且它们在上古时期的分布也与现代汉语不同。

(二)在上古汉语中的分布

现代汉语中，只有 B1 类，没有 B2 类。然而在对《左传》中的对称动词“盟”的调查中发现，上古汉语中不但有 B2 类，而且 B2 类比 B1 类的分布更广。

表 11：B1、B2 类在上古汉语中的分布

类型	例句	次数	百分比
B1	公及莒人盟于浮来	30	42%
B2	阳虎又盟公及三桓于周社	41	58%

B2 类占 58%，B1 类占 42%，说明在上古汉语中，B2 类的用法比 B1 类更普遍。

然而，B1、B2 这两类的分布在汉代却发生了变化。

（三）汉代的变化

到了汉代，发生变化的是 B2 类用法。通过对《左传》中出现的 41 例 B2 类带"盟"的句子在《史记》中的追踪，我们发现《左传》中的句子在《史记》中重出的有 9 句。

表 12：《左传》《史记》重现句对照表

《左传》例句	《史记》例句	数量
许之，割臂盟公	许立为夫人，割臂以盟	4
晋栾枝入盟郑伯	晋侯与郑伯盟	
庆封为左相，盟国人于大宫	二相恐乱起，乃与国人盟曰："不与崔庆者死！"	
阳虎又盟公及三桓于周社	阳虎私怒，囚季桓子，与盟，乃舍之	
癸亥，王子虎盟诸侯于王庭	癸亥，王子虎盟诸侯于王庭	5
迫孔悝于厕，强盟之	伯姬劫悝于厕，强盟之	
太子使五人与豭从己，劫公而强盟之，且请杀良夫	太子与五人介，与豭从之。伯姬劫悝于厕，强盟之，遂劫以登台	

续表

《左传》例句	《史记》例句	数量
弱其孤，以盟其大夫	无效齐庆封弑其君而弱其孤，以盟诸大夫！	
晋师将盟卫侯于鄟泽	卫侯请盟晋，晋人不许	

上表前四句中，B2 类的用法都发生了变化，如：“盟公”变成“以盟”，“盟郑伯”变成“与郑伯盟”，“盟国人”变成“与国人盟”，“盟公及三桓”变成“与盟”。后五句中，《史记》基本沿用了《左传》的用法。说明春秋战国时期 B2 类的用法到了汉代已有约一半发生了变化，被 B1 类取代或变为其他形式。

此外，通过对《史记》前 39 卷中对称动词“盟”的调查，可大致概况出 B1 类和 B2 类在汉代的使用情况。

表 13：B1、B2 类在《史记》中的使用情况表

类型	例句	虚词短语	次数	百分比
B1	乃与晋君盟	动词前	14	70%
B2	强盟之	动词后	6	30%

表示动作对象的虚词短语出现在“盟”前的 B1 类有 14 例，占 70%；出现在“盟”后的 B2 类有 6 例，仅占 30%。说明到了汉代，春秋战国时期 B2 类用法更普遍的情况发生了变化，B1 类用法以绝对优势成为主流。

B2 类用法的完全消失是在中古以后。

（四）中古的转变

到了中古南北朝时期，B2 类用法基本被 B1 类用法取代了，如《左传》中的“割臂盟公”，在经历了汉代《史记》“割臂以盟”的变化后，到了南朝宋时期，在裴骃《史记集解》里所引的服虔的解说中又作“割其臂以与公盟”。说明到了南北朝时期，对称动词后面直接带宾语的用法已经因消失而变得不易懂了，需要注释才能读懂。

综上所述，B 类结构的历史演变如下表：

表 14：B 类历时兴替对照表

结构	例句	虚词短语	春秋战国	西汉	南北朝
B1	公及莒人盟于浮来	动词前	+	++	+++
B2	许之，割臂盟公	动词后	++	+−	−−−

B 类结构历史演变的轨迹为：B1 类用法从上古到中古一直沿用下来，春秋战国时占少数，汉代时开始变多，到南北朝时取代 B2 类用法；B2 类用法在上古广泛使用，春秋战国时多于 B1 类用法，西汉时变少，到南北朝时消失。

为什么会出现这种变化？在讨论 B2 类结构消失的原因之前，需要先对 B 类结构中对称动词 VP 所支配的 NP1、NP2 的语义指向进行简要的分析。

三、B2 类结构的消失

下面先分析 B1 类、B2 类结构中 NP1 及 NP2 的句法位置以及语义指向，然后再探讨 B2 类结构历时演变的原因。

（一）NP1、NP2 的分布与语义指向

B 类结构中，动词所支配的语义对象是 NP1、NP2 双方，所以 NP1、NP2 可以共现。虽然现代汉语中 NP1、NP2 都出现在动词的左侧，但在历史上，NP1、NP2 的位置却有分布于动词的同侧的 B1 类和动词两侧的 B2 类的区别。但不论哪一种情况，对称动词所牵涉的双方 NP1 和 NP2 彼此之间的动作方向都是双向的，即 NP1、NP2 互为对方的动作对象，彼此之间在语义上是互指关系。

表 15：B1、B2 类句法语义对照表

类型	结构	例句	虚词短语	语义指向
B1	NP1+ 虚词 +NP2+VP对称	公及莒人盟于浮来	动词左侧	互指
B2	NP1+VP对称 +NP2	庆封为左相，盟国人于大宫	动词两侧	互指

上表 B1 类的 NP1 "公" 和 NP2 "莒人" 分布于动词的同一侧——左侧，语义上为互指关系，即 "公" 和 "莒人" 之间彼此结盟，互为结盟对象。B2 类的 NP1 "庆封" 和 NP2 "国人" 分别位于动词的左侧和右侧，即分布在动词的两侧，语义上也为互指关系，即 "庆封" 和 "国人" 之间彼此结盟，互为结盟对象。但值得注意的是，上古汉语中 B2 类中的 NP2 还有更复杂的情况。

（二）B2 类结构中 NP2 的复杂化

B2 类的复杂化表现为动词后面的 NP2 又是一个虚词短语 "NP1+ 虚词 +NP2"。

表 16：B2 结构层次分析表

层级	结构	例句	虚词短语	语义指向
上层	NP1+VP对称 +NP2	阳虎又盟公及三桓于周社	动词两侧	互指
下层	NP1+VP对称 +（NP1+ 虚词 + NP2）	阳虎又盟公及三桓于周社	动词右侧	同指

从上层看，位于动词右边的结盟对象中的一方 NP2 “公及三桓”，与动词前面的 NP1 “阳虎” 构成互指关系。但从下层看，NP2 “公及三桓” 又是一个由 NP1 “公” 和 NP2 “三桓” 组成的 “NP1+ 虚词 +NP2” 结构，NP1 和 NP2 都分布于动词的同一侧——右侧，NP1 和 NP2 在语义上是同指关系，所以 “及” 是并列连词。NP1 “公” 与 NP2 “三桓” 在结构层次上属于下一级，它们合起来所构成的虚词短语 “公及三桓” 作为一个整体（NP2）与 “阳虎”（NP1）构成上一级。

（三）B2 类结构的消失

B2 类结构中 NP2 的复杂化是导致这类结构最终消失的原因。因为结构的复杂化与语言的经济性原则相左，所以这种结构在与 B1 类结构的竞争中无法取胜，使 B1 类结构最终得以保留下来。尽管如此，B2 类结构的演变仍然是有迹可循的，且是可以解释的。

历史语言学一般认为语言的共时差异是历时演变的反映。语言的变化是一个渐变的 “连续统”（continuum），“连续统” 上的 X、Y 范畴之间常常存在一个新老形式并存的界限模糊的过渡阶段 X/Y，即 “X → X/Y → Y”。这种模糊的过渡阶段的两可用法，成为语言历史演变的化石，提供了观察语言变化的窗口和线索。

从历史文献的调查结果看，现代汉语共时平面中所存在的并列连词和伴随介词的纠葛，正是它们之间具有历时演变关系的反映，其保留的是变化过程中过渡阶段的信息。B 类结构的历时演变如下：历史上与对称性动词共现的连接多项体词性成分的用法分为 B1、B2 两类，B1 类沿用至今，B2 类消失，被 B1 类取代。

四、共时纠葛的历时化解依据

现代汉语中的共时纠葛反映了历时演变的线索，而历时语料的调查反过来又为解决共时纠葛提供依据。从上文的分析不难发现，B2 类结构虽然在现代汉语中消失了，但它不但为现代汉语并列连词和伴随介词的共时纠葛提供了历时的解释，而且为化解现代汉语共时平面中并列连词和伴随介词的纠葛提供了历时的依据。如果对上文所分析的“盟公及三桓于周社”中动词右边的“及”为并列连词没有异议，那么就可以根据虚词所连接的对象“公”“三桓”的语义指向来判断词性。即：虚词所连接的成分之间的语义指向如具同指关系，则该虚词为并列连词，否则不是并列连词，而是伴随介词。具体区分如下：

表 17：并列连词与伴随介词共时纠葛的历时分化表

类型	结构	例句	语义指向	词性	归类
A	NP1+ 虚词 +NP2+VP非对称	梨花跟杏花都开了	同指	并列连词	

续表

类型	结构	例句	语义指向	词性	归类
B2	NP1+VP对称+NP2 （NP1+虚词+NP2）	盟公及三桓于周社	同指	并列连词	连词
B1	NP1+虚词+NP2+VP对称	中国跟巴西建交	互指	互指介词	介词
C	NP1+虚词+NP2+VP非对称	张三跟李四借钱	单指	单指介词	

A 类和 B2 类中的虚词“跟”和“及”由于所连接的成分之间的语义指向为同指关系，所以这里的虚词是并列连词；B1 类中的虚词“跟”由于所连接的成分之间的语义指向为互指关系，所以这里的虚词是互指介词；C 类中的虚词“跟”由于所连接的成分之间的语义指向为单指关系，所以这里的虚词是单指介词。无论是互指介词还是单指介词，因为不具有并列连词的语义同指性，所以都可归为介词这一类。

总之，通过对历史语料的调查，我们发现，现代汉语共时平面中所存在的并列连词与伴随介词的纠葛，是它们各自历时演变的反映，是历史上出现过但如今已消失了的使用形式的痕迹。对这些历史上所出现过的使用形式进行句法及语义分析，可为解决现代汉语共时平面中的纠葛提供历时的化解依据。也就是说，可以根据历史上 B2 类中 NP1、NP2 所存在的同指特征来确定虚词的词性：若虚词所连接的两个名词性短语具有同指关系，则这个虚词是连词；若虚词所连接的两个名词性短语不具有同指关系，则这个虚词是介词。由此判定，现代汉语中与对称性动词共现的 B 类结构中的虚词为介词。

附录三：以汉译《圣经》为语料的汉语研究

一、引言

语料是语言学研究的基础材料。语料的价值取向在于它能够全面真实地反映当时语言的实际面貌。这就要求理想的语料应具备以下条件：(1)内容具有广阔的社会文化生活覆盖面；(2)语体不过于典雅，应含有较多的口语成分；(3)基本保持历史原样，年代大致可考，并具有充足的数量(朱庆之，1996)。在汉语研究中，汉译《圣经》正是具备上述条件而未被充分利用的语料。下面试从汉译《圣经》作为语料的特点、汉译《圣经》重要语料表和以汉译《圣经》为语料的汉语研究展望三个方面加以分析说明。

二、汉译《圣经》作为语料的特点

《圣经》全书包括《旧约》和《新约》两部分，共66卷，约100万字。《旧约》共39卷，原文多用希伯来文写成，后期书卷用亚兰文写成，包括“律法书”“历史书”“诗歌·智慧书”“先知书”四部分。《旧约》从最早的一卷《约伯记》(约写于公元前1500年)至最后一卷《玛拉基书》(约写于公元前400年)，成书时间跨越千年，记载了世界的起源等内容。《新约》共27卷，原文用希腊文撰写，包括记载耶稣言行的“福音书”、叙述早期教会情况的《使徒行传》、使徒们的“书信”和《启示录》。之所以说汉译《圣经》作为语料具备上述三个条件，是因为汉译

《圣经》的如下特点。

（一）社会文化生活覆盖面广

之所以说《圣经》社会文化生活覆盖面广泛，是因为它有以下三个“世界之最”：

时空跨度最大。《圣经》新旧约全书共由40多位作者分不同时代不同地点写成，前后相距约1600年。《圣经》中的66卷书虽各自独立，但却奇妙地连在一起，互相印证，前后贯穿一致，围绕一个“神爱世人”的主题。

译本最多。据联合圣经公会公布的资料，到1986年，《圣经》已被译成1829种文字及方言（梁工，1990）。

销售量最大。仅以中国为例，1814年至1934年这120年间，出版销售的各种版本的《圣经》总数为2亿2500万册，1814年至1950年间的销售总数近3亿册（汪维藩，1992）。

就人类社会文化生活的覆盖面而言，没有哪一部书可与《圣经》相比。

从中国看，就历史而言，无论是汉代在开封的犹太人的一赐乐业教，还是后来唐朝的景教、元朝的也里可温教、明清时期的天主教，乃至现代的基督教新教等有关救世主基督的众多宗教，都奉《圣经》为经典，都曾先后或多或少地翻译过《圣经》，留下了诸多译本。《圣经》在中国影响范围之广、之深，值得高度关注。就个体而言，上至帝王将相，下至黎民百姓，中国历朝历代都不乏翻译和传播汉译《圣经》的人，更不乏明末天主教三杰徐光启、李之藻、杨廷筠一类的信徒。现如今，《圣经》在中国亦有一定的影响力，值得研究和关注。

（二）语体成分之口语性

作为宗教经典，为了便于传教，世界各地相继成立了圣经公会，致力于《圣经》的翻译与传播，汉译《圣经》也不例外。为了使《圣经》更好地在中国传播，汉译《圣经》的语言就要含有较多的口语成分，不能过于典雅，以便尽可能多地适合更多的人，而非为少数知识分子所独享。同时要随着时代的变迁而不断地重译，以跟上口语的发展变化，否则不利于传播。故此，汉译《圣经》作为语料的口语性无可置疑。

事实上，从已有的汉译《圣经》语料中不难发现，《圣经》不间断的重译的过程，即是不断地用反映当时当地口语的成分来修订以往译文中过于典雅的书面语成分的过程。现以距今较近的 2010 年中国香港圣经公会对 1919 年出版的和合本《圣经》中时间词的修订为例进行说明（和合本例句来自 2009 年版《圣经》）。

表 18：1919 年《圣经》和合本与修订本所用时间词及例句对照表

	《马可福音》15：33	《马太福音》20：9	《约翰福音》1：39	《约翰福音》4：52
和合本	从午正到申初，遍地都黑暗了。	约在酉初雇的人来了，各人得了一钱银子。	耶稣说："你们来看。"他们就去看他在哪里住。这一天便与他同住。那时约有申正了。	他就问什么时候见好的。他们说："昨日未时热就退了。"

续表

	《马可福音》15:33	《马太福音》20:9	《约翰福音》1:39	《约翰福音》4:52
修订本	到了正午,全地都黑暗了,直到下午三点钟。	约在下午五点钟雇的人来了,各人领了一个银币。	耶稣说:"你们来看。"他们就去看他在哪里住。这一天他们就跟他同住,那时大约是下午四点钟。	他就问什么时候见好的。他们说:"昨天下午一点钟热就退了。"

从表18可以看出,和合本中的"申初""酉初""申正""未时"等相对较为典雅的时间词,在修订本中,被译为"下午三点钟""下午五点钟""下午四点钟""下午一点钟"等相对较为通俗的更接近现代口语的表达形式。因此,从反映丰富的口语这一点上看,汉译《圣经》语料无疑是研究语言变化的极佳材料。

(三)内容、年代之可靠性以及数量之充足性

《圣经》的可靠性是其他任何经典都无法比拟的,这缘于其内容的权威性。首先,《圣经》上的话被认为是"神所默示的","于教训、督责、使人归正、教导人学义都是有益的"。同时,《圣经》上的话是"带有能力"的。这就意味着任何人都无权对经文进行更改,如经上所言:"我实在告诉你们,就是到天地都废去了,律法的一点一画也不能废去,都要成全。"(《马太福音》5:18)"天地要废去,我的话却不能废去。"(《马可福音》13:31)而且,"若有人在这预言上加添什么,神必将写在这书上的灾祸加在他身上;这书上的预言,若有人删去什么,神必从这书上所

写的生命树和圣城，删去他的份”。(《启示录》22：18—19)所以，《圣经》内容本身之权威性，为汉译《圣经》语料内容的可靠性提供了保障。

《圣经》汉译时，译者对所参照的底本一般都会有所说明。这样，不但译文的底本可寻，源头可查，而且还有希伯来文或希腊文原文以及其他语言的译文可资对照。故此，不论各时代汉译《圣经》的译本有多少种，各译本自身的系统都不会偏离《圣经》的体系，也因此，汉译《圣经》内容的可靠性毋庸置疑。

汉译《圣经》一般对翻译的背景也有明确的记载。如目前所知最早的景教翻译《圣经》的情况就记载在《大秦景教流行中国碑颂并序》中。相较于汉译佛经等其他宗教语料中的内容具有庞杂不统一、源头语言不明、年代和译者不详等诸多问题，汉译《圣经》语料在内容、年代的可靠性上具有突出的优势。

汉译《圣经》语料数量之充足性，表现在共时和历时两方面。共时方面，现代和合本中文《圣经》新旧约全书约为100万字，作为语料的数量已较为可观，足以进行语言学研究。历时方面，汉译《圣经》单行本、方言译本等的数量也非常丰富，据游汝杰(2002)统计，吴、闽、赣、客家、粤等五种汉语方言的译本就多达609种；同时，据《圣经百科词典》等资料整理出的汉译《圣经》重要语料有近30种。

鉴于目前存在《大秦景教流行中国碑颂并序》《景教三威蒙度赞》《尊经》等与《圣经》有关的语料被收在佛教《大正藏》里这种语料混杂的情况，所以，随着汉译《圣经》研究的深入展开，有可能挖掘出更多的历时资料来填补研究中的空白。

三、汉译《圣经》重要语料表

根据《大秦景教流行中国碑颂并序》《尊经》以及梁工（1990）、汪维藩（1992）、黎文洪（2009）等人的研究，将汉译《圣经》资料整理如下表。

表 19：汉译《圣经》重要语料索引

年代 / 译本	译者	所译经卷
7 世纪（635 年）景教本	阿罗本（Alopen）、景净	《尊经》载“译得以上经卷卅部卷”
1294 年	若望·孟高维诺（John of Montecorvino）	译出《新约》和《诗篇》，最早的天主教译本
1583 年	利玛窦（Matteo Ricci）	1583 年翻译出版了《圣经》里的基本要义；1584 年，与同仁合译“十诫”，称《祖传天主十诫》
1636 年	艾玛诺（Emmaunel Diaz）	《圣经直解》，用文言文译出“四福音”的部分经文并加上注解
1700 年	让·巴设（J. Basset）	从拉丁文转译，第一本天主教中文《圣经》
18 世纪末	贺清泰（Louis De Poirot）	从拉丁文转译《旧约》和大部分《新约》，第二本天主教中文《圣经》
1813 年	马礼逊（R.Morrison）	据 1751 年《鲁士波柔的稿本》译《新约》全书，文言文译本
1819 年	米怜（William Milne）	与马礼逊合译《旧约》
1823 年	马礼逊、米怜	在马六甲刻印新旧约全书，名《神天圣书》，第一部在中国大陆的译本

续表

年代 / 译本	译者	所译经卷
1822 年 马殊曼译本	马殊曼（Joshua Marshman）、拉沙（Joannes Lassar）	马殊曼在印度与拉沙合译《圣经》，基督教最早的中文译本，后被当作翻译《圣经》的蓝本
1837 年 四人小组译本	麦都思（W. H. Mednurst）、郭实腊（K. F. A. Gutzlaff）、裨治文（E. C. Bridgman）、小马礼逊（J.R. Morrison）	1837 年在巴塔维亚石印出版《新约》，名为《新遗诏书》；1840 年出版《旧约》，名为《旧遗诏圣书》；修订《新遗诏书》，以《救世主耶稣基督新遗诏书》名出版，在民间流传
1849 年	怜牧师（W.Deam）	1849 年在中国香港出版《使徒行传》，后出版《新约全书》
1852 年 代表译本	麦都思等	1849 年麦都思改订《旧约》，与其他人译的《新约》合订出版，名为《代表译本圣经》，中国文人王韬润笔
1857 年	麦都思、施敦力（J. Stronach）	《新约》的白话文译本，第一部白话文译本
1875 年 白话文译本	施约瑟（S.J.Schereschewsky）	1875 年，白话文《旧约》由美国圣经公会出版；1878 年英国圣经公会将白话文的《新约》和《旧约》合订为《新旧约全书》
1897 年	湛约翰（J.Chalmers） 沙牧师（M.Schaub）	伦敦会的湛约翰和巴色会的沙牧师共同翻译，于 1897 年出版《新约》
1902 年	施约瑟（S.J.Schereschewsky）	把希腊文和希伯来文《圣经》译成国语，又将国语译本译成半文言文，1902 年由美国圣经公会出版
1904 年	白汉理、戴维斯、叶道胜、汲约翰、包约翰、纪好弼	半文言译本，以当时的英文新译本为蓝本，只译了部分《新约》

续表

年代 / 译本	译者	所译经卷
1906 年	湛约翰、艾约瑟（Joseph Edkins）	依“代表译本”译成《新约》,1919 年《旧约》脱稿后与《新约》合订出版
1907 年 和合本	狄考文、富善、鲍康宁、鹿依士等	白话文译本,据英译“钦定本修订版”译成;1907 年狄考文主持译成《新约》;1919 年富善主持译成《旧约》;1919 年出版《圣经》全书,分“神”和“上帝”两个版本;1979 年上海、南京影印 300 万册以上;1989 年南京出版简体字横排本
1929 年 朱宝惠译本	朱宝惠、赛兆祥	华人译本,1929 年朱宝惠与赛兆祥合译出《新约》;赛兆祥病后,朱宝惠译出《旧约》;1939 年出版《圣经》全书,称《重译新旧约全书》
1933 年 王宣忱译本	王元德(字宣忱)	1930 年根据伦敦的拉丁文和纽约的英文本开始翻译;1933 年出版《新约》。第一部由中国人翻译的版本
1946 年 吕振中译本	吕振中	1946 年据牛津大学苏德尔（A.Souter）所编希腊文《新约》译出部分《新约》,燕京大学宗教学院出版;后以圣经公会印行的聂斯黎（D.E.Nestle）底本第 17 版为蓝本重新编订,1952 年由中国香港圣书会出版《新约新译修订稿》;1970 年译出《旧约》
1949 年	吴经熊	1946 年至 1949 年据英文和法文译出《圣咏译义初稿》和《新经全集》
1964 年 肖铁笛译本	肖铁笛	1959 年开始翻译,1964 年由中国香港灵粮出版社出版《新约新译全书》
1968 年 思高译本	雷永明神父（Gabriel M. Allegra, O.F.M）	根据《圣经》原文翻译出版了有引言、注释和附义的《圣经》合订本

续表

年代 / 译本	译者	所译经卷
1974 年	部分华人学者	以泰勒（D.K.Taylor）博士 1971 年出版的英文《当代圣经》为蓝本，1974 年译成《新约》，以《当代福音》名出版；1979 年出版《旧约》，全书定名为《当代圣经》；1981 年简体字《当代福音》面世
1975 年 现代中文译本	许牧世牧师和数十位中国圣经学者	1975 年，以“现代中文译本”（Today's English Version）为蓝本，参照联合圣经公会审定的希腊文《新约》第 3 版译成《给现代人的福音》并出版；1976 年出版《新约全书》，附《诗篇》；1979 年参照基托尔氏（Kittel）的希伯来文《旧约》第 3 版译成，由联合圣经公会出版。每卷书前有该卷背景简介
1976 年 圣经新译本	中文圣经新译委员会	1976 年据联合圣经公会 1966 年版希腊文《新约》译出《新约全书新译本》；据德国圣经公会 1977 年版希伯来文《旧约》进行翻译，1986 年尚未译完

四、以汉译《圣经》为语料的汉语研究展望

汉译《圣经》语料除了上表中所列之外，还有很多待补充的材料。仅以目前可查的几百种汉译《圣经》为语料进行汉语研究，就有很大的发展空间。从现有语料看，汉译《圣经》的语言经历了以下几个阶段：从 7 世纪景教文献到 17 世纪中期，可称为中古汉语阶段；从 18 世纪初到 19 世纪中期，可称为近代汉语阶段；从 19 世纪中后期到 20 世纪初，可称为现代汉语阶段；从 20 世纪 30 年代至今，可称为当代汉语阶段。对于每个

不同阶段的语料，都可以开展相应的语音学、词汇学、语法学、文字学、方言学、校勘学等方面的研究，以补充或修正基于其他语料的汉语研究。

需要特别重申的是：唐朝的汉译《圣经》语料被混收在《大正藏》中，这部分语料的剥离工作意义重大，有可能有更早的汉语《圣经》语料被发现。有一个值得关注思考的问题是：唐朝作为当时的世界超级大国，所达到的物质和精神文明的空前繁荣，是否与那时的皇帝对待景教的态度"问道禁闱，深知正真，特令传授"有直接关系？

附录四：景教文献人称代词考察与盛唐繁荣的思考

一、引言

一般认为大藏经所收录的都是佛教典籍，但实际情况却并非如此。《大正藏》正编的55卷中，就收录了唐朝的景教文献。景教文献为什么被收在佛教典籍中？景教文献中的人称代词有何特点？相较于佛教文献，景教文献有何独特的优势？如何看待其语料价值？如何以此来弥补佛教汉语研究中的不足？这是本文关注的重点。

本文采用文献调查法，对以往缺乏深入研究的唐代三部景教文献进行专书式调查，考察其人称代词的分布，探讨其中的语言现象，以及基于对勘的译经文献研究等问题。下面分景教文献简介、景教文献中的代词兼类现象、透过景教文献看盛唐繁荣、景教文献及汉译《圣经》的研究价值四个方面进行探讨。

二、景教文献简介

景教是唐代对传入中国的基督教聂斯脱利派（Nestorianism in China）的称谓，意为“光明正大之教”，于公元5至6世纪，传入中国新疆（丁光训、金鲁贤，2010）。尽管基督教各教派之间有纷争，但所依据的教典仍为其所公认的千古不变的《圣经》。

收入《大正藏》中的景教文献是第54卷中的3部文献：第

2142 部《序听迷失所经》、第 2143 部《景教三威蒙度赞》和《尊经》、第 2144 部《大秦景教流行中国碑颂并序》。

第 2142 部《序听迷失所经》共 2850 字左右，概要记载了神的全知全能、人拜偶像的罪、天使、信徒、十诫、童贞女因圣灵感孕、耶稣受洗、行神迹、受害被钉十字架及当时的奇事等，语言通俗，使用俗字。

第 2143 部实际上包括《景教三威蒙度赞》和《尊经》两部文献，虽然在《大正藏》中被列在同一部文献的编号中，但因其内容各自独立，所以实际上是两卷书被混编在一起了。《景教三威蒙度赞》为诗歌体，每 7 字为一句，每 4 句押韵成一段，共 11 段，325 字，是传唱至今的一首七言汉语赞美诗，讲述天人关系，赞美述说神的全知全善全能和救赎。《尊经》为目录体，共 364 字，记载两项"敬礼"的具体内容：一是"礼"神之名 25 个，二是"礼"经之名 35 个。其中的经卷名，是发现早期汉译《圣经》文献的重要线索和依据。

第 2144 部《大秦景教流行中国碑颂并序》是景教在中国流行历史的碑文记录。碑上有 32 行楷书和 62 个行书字，共 1780 个汉字和数十个叙利亚文，内容分为叙事、颂词和落款三部分。叙事部分记载了景教的教义及其在唐朝王室、大臣及百姓中的流行情况；颂词是以上内容的诗歌体表述，4 字一句，8 句或 10 句一韵，共 7 段，连同结尾占 260 字；落款共有 3 列，每列 21 人，共记载了 63 位景教徒的名字，占 191 字。该碑于唐建中二年（781 年）由景净撰文，吕秀岩书写并题额。明朝天启五年（1625 年）出土。碑身高 279 厘米，宽 99 厘米，目前存于西安碑林第二室。

以上景教文献语料共约 5300 字，除了见于《大正藏》外，《东传福音》（第 1 册）中也有唐抄本和旧刊本可供对照。下文以对陈秀兰（2018）的四部汉译佛经里人称代词的调查结果为线索，考察这些佛经里的人称代词在景教文献中的分布情况，并讨论其中所反映的具有特色的代词兼用现象。分别以《序》《赞》《尊》《碑》代表《序听迷失所经》《景教三威蒙度赞》《尊经》《大秦景教流行中国碑颂并序》，统计结果如下：

人称	代词	《碑》	《赞》《尊》	《序》	总数
第一	我	8	8	6	22
	吾			1	1
第二	彼	1	2		3
第三	其	3		13	16
	之	4			4
总数	6	16	10	20	46

佛经文献中的“我、我等、我等辈、吾、吾等、汝、汝等、汝等辈、卿、卿等、彼、彼等、其、之”等14个人称代词，在景教文献中出现了“我、我等、吾、彼、其、之”等6个，共有46个人称代词的用例。其中第一人称用“我”和“吾”，“我”出现22次，占96%，居绝对多数，“吾”只出现1次，占4%；第二人称用“彼”，出现3次；第三人称用“其”“之”，“其”出现16次，居多数，占80%，“之”出现4次，占20%。

三、景教文献中的代词兼类现象

景教文献中的46个人称代词用例，存在以下三种兼类的现象。

(一)第一人称代词“我”兼作物主代词

景教文献第一人称代词有“我”和“吾”两个。

①我今一切念慈恩,叹彼妙乐照此国。(《赞》)/ 大圣普尊弥施诃,我叹慈父海藏慈。(《赞》)/ 其人当死罪,我实不闻不见。其人不合当死。(《序》)/ 大王云:“我不能杀此恶缘。”(《序》)/ 大王毗罗都思,索水洗手,对恶缘等前:我实不能杀其人。(《序》)

②人人乡俗语舌,吾别天尊多常在,每信每居。(《序》)

③均贵贱于人,不聚货财示罄遗道于我。(《碑》)

例①和例②中的“我”“吾”在句中作主语,例③中的“我”作介词“于”的宾语。

“我”除了单独使用之外,还有大量与后面的成分紧密相连的“我 NP/VP”结构,“我”作无标记的物主代词。

④妙众圣以元尊者,其唯我三一妙身无元真主阿罗诃欤判。(《碑》)/ 于是我三一分身景尊弥施诃,戢隐真威,同人出代。(《碑》)/ 我建中圣神文武皇帝,披八政以黜陟幽明,阐九畴以惟新景命。(《碑》)/ 明明景教,言归我唐。翻经建寺,存殁舟航。百福偕作,万邦之康。(《碑》)/ 止沸定尘,造我区夏。(《碑》)/ 弥师诃是我儿,世间所有众生,皆取弥师诃进止所是处分皆作好。(《序》)/ 即云其人不当死我男女。(《序》)

⑤(建中)善贷被群生者,我修行之大猷。(《碑》)/ 情发目诚者,我景力能事之功用也。(《碑》)

例④中的“我三一妙身”“我三一分身”“我建中圣神文武皇帝”“我唐”“我区夏”“我儿”“我男女”等为“我 NP”结构,例⑤中的“我修行”“我景力能事”为更复杂的“我 VP”结构。这些结构中的“我”与后面的成分之间具有领属关系,可理解为“我的 NP/VP”或“我们的 NP/VP”或“我们 NP/VP”，因此，“我”兼具物主代词的功能，可视为无标记的物主代词。“我三一妙身”可理解为“我的 / 我们的 / 我们三位一体的圣父”，“我三一分身”可理解为“我的 / 我们的 / 我们三位一体的圣子”，“我建中圣神文武皇帝”可理解为“我的 / 我们的 / 我们建中圣神文武皇帝”，“我唐”可理解为“我的 / 我们的 / 我们唐朝”，“我区夏”可理解为“我的 / 我们的 / 我们区夏”，“我儿”可理解为“我的 / 我们的 / 我们儿子”，“我男女”可理解为“我的 / 我们的 / 我们男女”，“我修行”可理解为“我的 / 我们的 / 我们修行的人”，“我景力能事”可理解为“我的 / 我们的 / 我们景教的力量所做的”。

景教文献中的“我”除了兼作物主代词外，还出现了“我等”的用例。

⑥ 大师是我等慈父，大师是我等圣主，大师是我等法王，大师能为普救度。(《赞》)

对于“我等”里面的“等”，有的学者将之视为复数标记，则上面的例句可以理解为“大师是我们慈父”，“大师是我们圣主”，“大师是我们法王”。但也不能排除“我等”表示领属关系的可能性。如果按照景教的信仰看，归根到底，信仰关乎的是个人的生命，是个人与神的关系的恢复。同时神的审判也是按照每个人来进行的。所以，上面的例句也可理解为“大师是我的慈父”，“大师是我的圣主”，“大师是我的法王”。

（二）第二人称代词“彼”兼作定指标记

景教文献中有两个用“彼”作人称代词的例子。

⑦ 我今一切念慈恩，叹彼妙乐照此国；弥施诃普尊大圣

子，广度苦界救无亿。(《赞》)

⑧圣子端任父右座，其座复超无鼎高；大师愿彼乞众请，降筏使免火江漂。(《赞》)

这两个用例都出现在诗歌体的赞美诗《景教三威蒙度赞》中。这里的"彼"之所以被视为人称代词，是根据语境和上下文来判断的。这里的语境是在祈祷或颂赞，是人与神之间的对话，所以"我"和"彼"为人称代词：例⑦的"我"在感念"彼"的慈恩，感叹"彼"的妙乐；例⑧是赞美"彼"为众人乞求拯救，免遭地狱永火的惩罚。

在这篇赞美诗的英文译文中，例⑦的译文是：Now we ponder mercy, love, Fill the nation with Your joy; "Messiah" is Your holy Son And salvation without alloy. 例⑧的译文是：Holy Son at God's right hand, From Your throne above the world; Master, hear the call from those In the fire-stream tossed and whirled. (《赞美诗新编》中英文双语本，1999)

此外，"彼"还兼作定指标记。

⑨洎乎娑殚施妄，钿饰纯精，间平大于此是之中，隙冥同于彼非之内。是以三百六十五种，肩随结辙，竞织法罗。(《碑》)

这里的"彼非"与前一句的"此是"构成"彼此"与"是非"的对仗，说明"彼"和"此"是同一性质的词，如果"此"释为定指标记"这"的话，"彼"即可理解为定指标记"那"。

(三)第三人称代词"其"兼作定指标记

景教文献中的第三人称代词有"之""其"。

⑩饿者来而饭之，寒者来而衣之，病者疗而起之，死者葬

而安之。(《碑》)

这里的“之”在动词“饭”“衣”“起”“安”的后面作宾语，指代第三人称“他/她(们)”,同时兼有指代“那人(V者)”的意思，指“喂者”“寒者”“病者”“死者”。

⑪所在人身命器息，总是天尊使其然。(《序》)

“其然”作动词“使”的宾语，“其”作为代词，指代第三人称。此外，“其”更多出现在“其N/V”结构中。

⑫白衣景士，今见其人。愿刻洪碑，以扬休烈。(《碑》)/大王毗罗都思，索水洗手，对恶缘等前：我实不能杀其人。(《序》)

⑬皇图璀璨，率土高敬。庶绩咸熙，人赖其庆。(《碑》)

“其人”在句中充当动词“见”“杀”的宾语，“其庆”充当动词“赖”的宾语。“其”意为“他/她(们)”,同时兼具定指标记“这”或“那”的功能，意为“这(些)人”或“那(些)人”。“其人”还可作主语。

⑭如有人不取，圣上驱使不伏，其人在于众生即是返逆偿。(《序》)/大王即欲处分：其人当死罪，我实不闻不见。其人不合当死，此事从恶缘人自处断。大王云：“我不能杀此恶缘。”即云其人不当死我男女。(《序》)

“其人”在句中作主语，“其”指代第三人称，意为“他/她(们)”,同时兼具定指标记“这”或“那”的功能，意为“这(些)人”或“那(些)人”。此外，还出现了“其VP人”结构。

⑮年过三十二，其习恶人等，即向大王毗罗都思边言。(《序》)

“其习恶人”在句中作主语，意为“他/她们作恶的人”或“那/这些作恶的人”。第三人称代词“其”兼作定指标记。

另外，“其”作定指标记，指时间和处所。

⑯其日将弥师诃，木上缚着五时。(《序》)

⑰天尊在后显何在，停止在处其何。(《序》)

“其日”的意思是“这日”或“那日”。“其何”指的是“这处如何”或“那处如何”。

根据语言演变的共时与历时关系中所存在的共时的差异反映历时之演变的原理，景教文献中的代词现象说明汉语代词存在着一个第一人称代词向物主代词、人称代词“彼”向物主代词及定指标记、第三人称代词向定指标记演变的链，即：人称代词 → 物主代词 → 定指标记。

在演变过程的中间阶段，可进行重新分析的是“人称代词NP/VP”结构。在演变的链条中，当结构中的两者不具备领属关系时，前者是人称代词；当两者具备领属关系时，前者是物主代词。从上述文献观察，在第一人称中，这种演变的化石标记是“等”。

四、透过景教文献看盛唐繁荣

景教碑里有诸多为现代人所不知的信息。下表是根据历史年代表和《大秦景教流行中国碑颂并序》的记载所进行的整理。

《大秦景教流行中国碑颂并序》记载了从太宗到德宗的150多年间“国富元休”“家殷景福”的生活画面，以及君王对景教的态度和行为：太宗“问道禁闱，深知正真”，将景教颁为国教，“特令传授，诏曰：‘……济物利人，宜行天下’”，并开始建教堂大秦寺，设神职人员“度僧”；高宗时代全国各地都有景教教堂，“寺满百城”；玄宗极力推动景教的“复正”，有“建立坛场”“兴庆宫修功德”等诸多事迹；肃宗时代重建教堂；代宗时代有目前所知中国历史上最早的过圣诞节的记载，“每于降诞

皇帝	年代	记载(原文)
太宗	贞观九年(635年)	使宰臣房公玄龄,总仗西郊,宾迎入内,翻经书殿,问道禁闱,深知正真。特令传授。
	贞观十二年(638年)	诏曰:"道无常名,圣无常体。随方设教,密济群生。大秦国大德阿罗本,远将经像来献上京。详其教旨,玄妙无为。观其元宗,生成立要。词无繁说,理有忘筌。济物利人,宜行天下。"所司即于京义宁坊造大秦寺一所,度僧廿一人。
高宗		于诸州各置景寺,仍崇阿罗本为镇国大法主。法流十道,国富元休;寺满百城,家殷景福。
玄宗	天宝初	令宁国等五王亲临福宇,建立坛场。法栋暂桡而更崇,道石时倾而复正。
		令大将军高力士送五圣写真,寺内安置。赐绢百匹,奉庆睿图。龙髯虽远,弓剑可攀。日角舒光,天颜咫尺。
	三载	大秦国有僧佶和,瞻星向化,望日朝尊。诏僧罗含、僧普论等一七人,与大德佶和于兴庆宫修功德。于是天题寺榜,额戴龙书。宝装璀翠,灼烁丹霞。睿扎宏空,腾凌激日。
肃宗		于灵武等五郡重立景寺,元善资而福祚开,大庆临而皇业建。
代宗		恢张圣运,从事无为,每于降诞之辰,锡天香以告成功,颁御馔以光景众。且乾以美利,故能广生。圣以体元,故能亭毒。
德宗		披八政以黜陟幽明,阐九畴以惟新景命。化通玄理,祝无愧心。至于方大而虚,专静而恕,广慈救众苦。

之辰,锡天香以告成功,颁御馔以光景众";德宗是通晓并践行景教的仁慈君王,"专静而恕,广慈救众苦"。此外,还有对中书令郭子仪等大臣的记载,如"虽见亲于卧内,不自异于行间……

能散禄赐,不积于家”等。

后代历史文献《资治通鉴》卷一九二对唐太宗李世民有如下记载:

上与群臣论止盗,或请重法以禁之,上哂之,曰:“民之所以为盗者,由赋繁役重,官吏贪求,饥寒切身,故不暇顾廉耻耳。朕当去奢省费,轻徭薄赋,选用廉吏,使民衣食有余,则自不为盗,安用重法邪?”自是数年之后,海内升平,路不拾遗,外户不闭,商旅野宿焉。

不难看出,盛唐社会不但物质文明极其丰富,而且精神文明也达到了极高境界,在当时甚至出现了路不拾遗、夜不闭户的情况。究其原因,景教的作用是不容忽视的。如《大秦景教流行中国碑颂并序》所言:“天下静,人能理,物能清,存能昌,殁能乐,念生响应,情发目诚者,我景力能事之功用也。”物质文明是精神文明的基础,但仅有物质文明而没有精神文明,好比建在沙土上的大厦,会因没有根基而坍塌;精神文明托起的物质文明则如同根基深厚的大厦,经得起风吹雨淋而不倒塌。唐朝的繁荣是高度的精神文明托起的物质文明,景教是唐朝的精神文明信仰之一,离开了景教来研究唐朝或中国的历史文化,是不全备的。

五、景教文献及汉译《圣经》的研究价值

以上是仅就四卷景教文献进行的研究,还有很多景教文献有待研究与发现。据《尊经》,当时的《诸经目录》记载的“大秦本教”有530部“贝叶梵音”外文经卷,已翻译成汉语的有35卷,分别是:

《常明皇乐经》《大秦景教宣元本经》《志玄安乐经》《天

宝藏经》《多惠圣王经》《阿思瞿利容经》《浑元经》《通真经》《宝明经》《传化经》《罄遗经》《原灵经》《述略经》《三际经》《征诘经》《宁思经》《宣义经》《师利海经》《宝路法王经》《删河律经》《艺利月思经》《宁耶颐经》《仪则律经》《毗遏启经》《三威赞经》《牟世法王经》《伊利耶经》《遏拂林经》《报信法王经》《弥施诃自在天地经》《四门经》《启真经》《摩萨吉斯经》《慈利波经》《乌沙郍经》。

目前《大秦景教宣元本经》和《志玄安乐经》的研究已经有所进展,其他经卷的研究亟待展开。这些语料不但"内容具有广阔的社会文化生活覆盖面;语体不过于典雅而含有较多的口语成分;基本保持历史原样,年代大致可考,并具有充足的数量"(朱庆之,1996),而且内容具有传承性与一致性,原典语言具有确定性,译经与平行原典关系明确,其研究价值非其他文献可比,研究前景无限广阔光明(刘爱菊,2011)。下表是根据文献整理出的汉译《圣经》卷名对照表:

序号	7世纪景教	天主教在线	1968年思高本	1919年和合本
1	《多惠圣王经》	《达味王的咏叹》	《圣咏集》	《诗篇》
2	《浑元经》	《创世纪》	《创世纪》	《创世纪》
3	《牟世法王经》	《出谷记》	《出谷记》	《出埃及记》
4	《删河律经》	《匝加利亚先知书》	《匝加利亚》	《撒迦利亚书》
5	《乌沙郍经》	《欧瑟亚先知书》	《欧瑟亚》	《何西阿书》

续表

序号	7世纪景教	天主教在线	1968年思高本	1919年和合本
6	《阿思瞿利容经》	《福音书》	《玛窦福音》/《马尔谷福音》/《路加福音》/《若望福音》	《马太福音》/《马可福音》/《路加福音》/《约翰福音》
7	《传化经》	《宗徒大事录》	《宗徒大事录》	《使徒行传》
8	《宝路法王经》	《保禄书信》	《罗马人书》/《格林多前书》/《格林多后书》/《迦拉达书》	《罗马书》/《哥林多前书》/《哥林多后书》/《加拉太书》
9	《遏拂林经》	《厄弗所书》	《厄弗所书》	《以弗所书》
10	《启真经》	《默示录》	《默示录》	《启示录》

汉译和合本《圣经》新旧约全书一共100万字，加上历代的译本及各种方言的译本，可谓是待开发的语料宝藏。目前景教文献被混收在佛教文献中，语料鉴别及重新整理的工作十分重要，也十分必要。汉译《圣经》语料具有佛经语料所不具备的独特价值，对这笔宝贵的精神遗产的研究，有助于突破汉语研究的瓶颈，值得大力提倡。

参考文献

论文

［1］陈永正．西周春秋铜器铭文中的联结词［J］．古文字研究，1986（15）．

［2］储诚志．连词与介词的区分：以"跟"为例［J］．汉语学习，1991（5）．

［3］郭锡良．介词"于"的起源和发展［M］// 郭锡良．古汉语语法论集．北京：语文出版社，1998．

［4］洪波．论平行虚化［J］．汉语史研究集刊，1999（1）．

［5］黎文洪．《圣经》中文版本探析［J］．四川图书馆学报，2009（4）．

［6］李思明．从《水浒全传》、《红楼梦》、《家》看"与"字的发展［J］．安徽师大学报(哲社版)，1981（4）．

［7］刘爱菊．现代汉语并列连词"并"的来源及其在词典义位中的归属［M］// 中国人民大学对外语言文化学院．汉语研究与应用：第4辑．北京：中国社会科学出版社，2006．

［8］刘爱菊．以汉译《圣经》为语料的汉语研究［J］．孝感学院学报，2011（4）．

［9］刘坚．试论"和"，附论"共"和"连"［J］．中国语文，1989（6）．

［10］马清华．并列连词的语法化轨迹及其普遍性［J］．民

族语文,2003(1).

[11] 斯尔鑫. 多叠并列的最后两项之间加“与”类连词的问题[J]. 中国语文,1957(1).

[12] 汪维藩.《圣经》译本在中国[J]. 世界宗教研究,1992(1).

[13] 王克仲. 先秦虚词“与”字的调查报告[G]// 古汉语研究论文集(二). 北京:北京出版社,1984.

[14] 王幼于. “和”还是“或”? [J]. 语文学习,1952(5).

[15] 问真. 谈“和”的几种用法[J]. 厦门大学学报,1961(2).

[16] 吴福祥. 汉语伴随介词语法化的类型学研究——兼论 SVO 型语言中伴随介词的两种演化模式[J]. 中国语文,2003(1).

[17] 徐萧斧. 并列成分的结构[J]. 语文学习,1953a(9).

[18] 徐萧斧. 古汉语中的“与”和“及”[J]. 中国语文,1981(5).

[19] 徐萧斧. 用“和”字连接的成分[J]. 语文学习,1957(1).

[20] 徐萧斧. “与”类连词在多叠并列中的位置[J]. 语文学习,1953b(3).

[21] 俞敏. 说“跟”跟“和”[J]. 语文学习,1952(2).

[22] 张健,陶寰. 论组合性并列连词[J]. 汉语学习,1993(5).

[23] 张谊生. 交互类短语与连介兼类词的分化[J]. 中国语文,1996(5).

[24] 张玉金. 卜辞中“暨”的用法[J]. 中国语文,1990(1).

［25］赵诚．金文的“于”［J］．语言研究，1996（2）．

［26］赵诚．金文的隹、唯（虽、谁）［C］// 容庚先生百年诞辰纪念文集．广州：广东人民出版社，1998．

［27］周生亚．并列连词“与、及”用法辨析［J］．中国语文，1989（2）．

专著

［1］陈承泽．国文法草创［M］．北京：商务印书馆，1982．

［2］陈霞村．古代汉语虚词类解［M］．太原：山西教育出版社，1992．

［3］陈秀兰．基于梵汉对勘的魏晋南北朝佛经词汇语法研究［M］．上海：复旦大学出版社，2018．

［4］楚永安．文言复式虚词［M］．北京：中国人民大学出版社，1986．

［5］崔永东．两周金文虚词集释［M］．北京：中华书局，1994．

［6］董志翘，蔡镜浩．中古虚词语法例释［M］．长春：吉林教育出版社，1994．

［7］冯春田．近代汉语语法研究［M］．济南：山东教育出版社，2000．

［8］管燮初．西周金文语法研究［M］．北京：商务印书馆，1981．

［9］郭奇．连词“并”的产生和发展［C］// 汉语史研究集刊（三），成都：巴蜀书社，2000．

［10］何乐士，敖镜浩，王克仲，等．古代汉语虚词通释［M］．北京：北京出版社，1985．

[11] 何容．中国文法论[M]．北京：商务印书馆，1985.

[12] 何亚南．《三国志》裴注句法研究[M]．南京：南京师范大学出版社，2001.

[13] 金兆梓．国文法之研究[M]．北京：中华书局，1922.

[14] 黎锦熙．新著国语文法[M]．北京：商务印书馆，1924.

[15] 刘坚，江蓝生，白维国，等．近代汉语虚词研究[M]．北京：语文出版社，1992.

[16] 吕叔湘．文言虚字[M]．上海：上海教育出版社，1944.

[17] 马汉麟．古汉语语法提要[M]．西安：陕西人民出版社，1980.

[18] 马建忠．马氏文通[M]．北京：商务印书馆，1983.

[19] 潘允中．汉语语法史概要[M]．郑州：中州书画社，1982.

[20] 裴学海．古书虚字集释[M]．北京：中华书局，1954.

[21] 钱宗武．今文尚书语法研究[M]．北京：商务印书馆，2004.

[22] 秦礼君．古代关联词语手册[M]．北京：中国展望出版社，1986.

[23] 史存直．汉语语法史纲要[M]．上海：华东师范大学出版社，1986.

[24] 孙经世．经传释词补[M]．北京：中华书局，1956.

[25] 孙锡信．汉语历史语法要略[M]．上海：复旦大学出版社，1992.

[26] 太田辰夫．中国语历史文法（修订译本）[M]．蒋绍愚，徐昌华，译．北京大学出版社，1958.

［27］王力. 汉语语法史［M］. 北京：商务印书馆，1989.

［28］魏德胜.《睡虎地秦墓竹简》语法研究［M］. 北京：首都师范大学出版社，2000.

［29］吴昌莹. 经词衍释［M］. 北京：中华书局，1956.

［30］吴福祥. 敦煌变文12种语法研究［M］. 开封：河南大学出版社，2004a.

［31］吴福祥.《朱子语类辑略》语法研究［M］. 郑州：河南大学出版社，2004b.

［32］香坂顺一. 白话语汇研究［M］. 江蓝生，白维国，译. 北京：中华书局，1997.

［33］香坂顺一. 水浒词汇研究（虚词部分）［M］. 植田均，译. 中国台北：文津出版社，1992.

［34］向熹. 简明汉语史（下）［M］. 北京：高等教育出版社，1993.

［35］徐仁甫. 广释词［M］. 成都：四川人民出版社，1981.

［36］杨伯峻. 古汉语虚词［M］. 北京：中华书局，1981.

［37］杨荣祥. 近代汉语副词研究［M］. 北京：商务印书馆，2005.

［38］杨树达. 词诠［M］. 北京：中华书局，1956.

［39］殷国光.《吕氏春秋》词类研究［M］. 北京：华夏出版社，1997.

［40］尹君. 文言虚词通释［M］. 南宁：广西人民出版社，1984.

［41］游汝杰. 西洋传教士汉语方言学著作书目考述［M］. 哈尔滨：黑龙江教育出版社，2002.

［42］余德泉. 古汉语同义虚词类释［M］. 长沙：湖南教育出版社，1993.

［43］俞敏．经传释词札记［M］．长沙：湖南教育出版社，1987.

［44］张玉金．甲骨卜辞语法研究［M］．广州：广东高等教育出版社，2002.

［45］张玉金．甲骨文语法学［M］．上海：学林出版社，2001.

［46］张玉金．西周汉语语法研究［M］．北京：商务印书馆，2004.

［47］章士钊．中等国文典［M］．上海：商务印书馆，1907.

［48］志村良治．中国中世语法史研究［M］．江蓝生，白维国，译．北京：中华书局，1995.

［49］周秉钧．古汉语纲要［M］．长沙：湖南教育出版社，1981.

［50］周法高．中国古代语法（造句篇）［M］．中国台北：台联国风出版社，1961.

［51］朱德熙．语法讲义［M］．北京：商务印书馆，1982.

［52］朱庆之．佛典与中古汉语词汇研究［M］．中国台北：文津出版社，1996.

［53］祝敏彻．《朱子语类》句法研究［M］．武汉：长江文艺出版社，1991.

工具书

［1］丁光训，金鲁贤．基督教大辞典［M］．上海：上海辞书出版社，2010.

［2］段玉裁．说文解字注［M］．上海：上海古籍出版社，1988.

[3] 桂馥. 说文解字义证[M]. 济南:齐鲁书社,1987.

[4] 郭沫若,中国社会科学院历史研究所. 甲骨文合集[M]. 北京:中华书局,1978.

[5] 汉语大字典编辑委员会. 汉语大字典[M]. 成都:四川辞书出版社,1986.

[6] 华东师范大学中国文学研究与应用中心. 金文引得:春秋战国卷[M]. 南宁:广西教育出版社,2001.

[7] 华东师范大学中国文学研究与应用中心. 金文引得:殷商西周卷[M]. 南宁:广西教育出版社,2001.

[8] 梁工. 圣经百科辞典[M]. 沈阳:辽宁人民出版社,1990.

[9] 王海棻,赵长才,黄珊,等. 古汉语虚词词典[M]. 北京:北京大学出版社,1996.

[10] 余迺永. 新校互注宋本广韵[M]. 上海:上海辞书出版社,2000.

[11] 张万起.《世说新语》词典[M]. 上海:商务印书馆,1998.

[12] 张亚初.《殷周金文集成》引得[M]. 北京:中华书局,2001.

[13] 张玉金. 古今汉语虚词大辞典[M]. 沈阳:辽宁人民出版社,1996.

[14] 张玉金. 甲骨文虚词词典[M]. 北京:中华书局,1994.

[15] 赵诚. 甲骨文简明词典[M]. 北京:中华书局,1988.

[16] 中国社会科学院语言研究所古代汉语研究室. 古代汉语虚词词典[M]. 北京:商务印书馆,1999.

英文文献

［1］A.C.Graham.Some basic problems of classical Chinese syntax［J］. Asia major, 1968（6）.

［2］Liu Jian, Preyraube.History of some coordinative conjunctions in Chinese［J］. Journal of Chinese linguistics, 1994（22）.

非同质性语料

［1］班固,颜师古．汉书：西北大学历史系点校本［M］．北京：中华书局,1987.

［2］曹雪芹,高鹗．红楼梦［M］．北京：人民文学出版社,2014.

［3］陈亮．龙川文集［M］．北京：中华书局,1985.

［4］陈寿．三国志：陈乃乾点校本［M］．北京：中华书局,1959.

［5］程俊英,蒋见元．诗经注析［M］．北京：中华书局,1991.

［6］丁福保．全汉三国晋南北朝诗［M］．北京：中华书局,1959.

［7］董诰,等．全唐文［M］．北京：中华书局,1983.

［8］冯梦龙．错斩崔宁［M］．北京：人民文学出版社,1980.

［9］冯梦龙．古今小说：许政扬点校本［M］．北京：人民文学出版社,1958.

［10］洪楩,石昌渝,等．清平山堂话本［M］．南京：江苏古籍出版社,1990.

［11］黎靖德．朱子语类［M］．北京：中华书局,1994.

［12］廖珣英．刘知远诸宫调校注［M］．北京：中华书局,

1993.

［13］刘鹗. 老残游记：严薇青校注本［M］. 济南：齐鲁书社，1981.

［14］吕叔湘. 现代汉语八百词：增订本［M］. 北京：商务印书馆，1999.

［15］彭定求，沈三曾，扬中讷，等. 全唐诗［M］. 北京：中华书局，1960.

［16］唐圭璋. 全宋词［M］. 北京：中华书局，1965.

［17］上海师范大学古籍整理组. 国语［M］. 上海：上海古籍出版社，1978.

［18］沈约. 宋书：王仲荦点校本［M］. 北京：中华书局，1974.

［19］施耐庵，罗贯中. 水浒全传［M］. 上海：上海人民出版社，1975.

［20］司马迁. 史记：顾颉刚点校本［M］. 北京：中华书局，1982.

［21］贪梦道人. 彭公案［M］. 北京：宝文堂书店，1986.

［22］王利器. 颜氏家训集解［M］. 北京：中华书局，1993.

［23］魏收. 魏书：唐长孺点校本［M］. 北京：中华书局，1974.

［24］文康. 儿女英雄传：弥松颐校注本［M］. 北京：人民文学出版社，1983.

［25］无名氏. 新刊大宋宣和遗事［M］. 上海：中国古典文学出版社，1954.

［26］吴承恩. 西游记［M］. 北京：人民文学出版社，1955.

［27］吴敬梓. 儒林外史：张慧剑校注本［M］. 北京：人民文学出版社，1958.

［28］萧子显．南齐书：王仲荦点校本［M］．北京：中华书局，1972.

［29］薛用弱．集异记［M］．北京：中华书局，1980.

［30］徐梦梓．三朝北盟汇编［M］．上海：上海古籍出版社，2008.

［31］徐沁君．新校元刊杂剧三十种［M］．北京：中华书局，1980.

［32］杨伯峻．春秋左传注［M］．北京：中华书局，1981.

［33］杨伯峻．论语译注［M］．北京：中华书局，1980.

［34］杨伯峻．孟子译注［M］．北京：中华书局，1960.

［35］余嘉锡．世说新语笺疏［M］．北京：中华书局，1983.

［36］张涌泉，黄征．敦煌变文校注［M］．北京：中华书局，1997.

［37］张鷟．朝野佥载：赵守俨点校本［M］．北京：中华书局，1979.

［38］郑光．原本老乞大［M］．北京：外语教学与研究出版社，2002.

［39］周秉钧．尚书［M］．长沙：岳麓书社，2001.

［40］周燮藩，王美秀．中国宗教历史文献集成51：东传福音［M］．合肥：黄山书社，2005.

同质性语料

［1］官话新约全书［M］．狄考文，富善，等，译．上海：大美国圣经会，1872.

［2］马太福音传：羊城土话［M］．丕思业，译．美国圣经公会，1882.

[3] 宁波话新约全书[M]. 高富,戴德生,慕稼谷,译. 伦敦:大英圣书公会,1868.

[4] 神天新遗诏书·马宾传福音之书[M]. 马礼逊,米怜,译. 中国香港:英华书院,1823.

[5] 圣经:和合本“神”版(2009年版)[M]. 上海:中国基督教三自爱国运动委员会,中国基督教协会,2018.

[6] 圣经:中英对照和合本修订版[M]. 中国香港圣经公会2010年修订. 上海:中国基督教三自爱国运动委员会,中国基督教协会,2016.

[7] 新旧约全书:福州土腔[M]. 摩怜,等,译. 圣经公会,1937.

[8] 新旧约圣经串珠:浅文理[M]. 施约瑟,译. 上海:美华圣经会,1927.

[9] 新遗诏圣书:深文理[M]. 郭实腊,译. 新加坡:坚夏书院,1840.

[10] 新遗诏书:深文理[M]. 马礼逊,译. 中国香港:中国香港圣经公会,1997.

[11] 新约全书:官话[M]. 英国圣经公会,译. 伦敦:大英圣书公会,1907.

[12] 新约全书[M]. 麦都思,施敦力,译. 上海:墨海书馆,1857.

[13] 新约全书:文理[M]. 马殊曼,译. 塞兰坡:塞兰坡差会出版社,1822.

[14] 新约全书:文理[M]. 杨格非,译. 武汉:汉镇英汉书馆,1886.

[15] 新约圣书[M]. 裨治文,克陛存,译. 上海:上海美华书局,1863.

[16] 新约圣经：浅文理[M]. 包约翰，白汉理，译．福州：福州美华书局，1895.

[17] 新约圣书：委办译本[M]. 麦都思，等，译．伦敦：大英圣书公会，1899.

[18] 新旧约圣书：文理和合译本[M]. 深文理译本委员会，译．上海：大英圣书公会，1908.

[19] 赞美诗(新编)编辑委员会. 赞美诗(新编)：中英文双语本[M]. 上海：中国基督教三自爱国运动委员会，中国基督教协会，1999.